Heimat ist nicht Anspruch auf Besitz.
Heimat kann sich der Mensch nur durch Liebe erhalten,
aber gegen lieblose Gewalt will die Heimat verteidigt werden.

Hans Lukaschek

Harald Saul

Familienrezepte aus

Schlesien

Geschichten und Rezepte aus alter Zeit

Titelabbildung:
Der Breslauer Hauptbahnhof um 1910

ISBN 3-89798-088-6

© BuchVerlag für die Frau GmbH, Leipzig 2003

Einband: Christine Paxmann
Gestaltung und Reproduktion: J-J-Design
Gesamtherstellung: Meiling Druck, Haldensleben

Printed in Germany

Inhalt

5

Kulinarische Zeitreise
durch Schlesien

**»Eins, zwei, drei,
vier, fünf, sechs, sieben,
eine alte Frau kocht Rüben,
eine alte Frau kocht Speck,
du bist weg.«**

Alter Breslauer Kindervers
um 1920

Ideen, die man lange mit sich trägt, brauchen manchmal einen Anstoß von außen, damit sie verwirklicht werden. So war es auch bei der Entstehung dieses Buches. Schon seit Anfang der 70er Jahre (als Kochlehrling in Meuselwitz/Thüringen) beschäftigte ich mich mit der schlesischen Küche. Doch erst 2001, auf der Leipziger Buchmesse, erhielt ich die entscheidende Anregung. Ehemalige Schlesier wünschten sich auch ihre alte Heimat und Küche in meiner Buchreihe »Familienrezepte« dargestellt. Ich ermunterte sie, in ihrem Familien- und Verwandtenkreis nach Schrift- und Bildmaterial aus jener Zeit zu forschen und es mir zukommen zu lassen. Die Resonanz war groß. Nun befinden sich zahllose Ansichtskarten, Fotos und handgeschriebene Familienkochbücher in meinem Archiv und bilden den Grundstock zu diesem Kochbuch, das einen repräsentativen Querschnitt durch die schlesische Küche gibt und ausschließlich authentische Rezepte und Geschichten vorstellt.

GÖRLITZ **BUNZLAU** **GLOGAU** **LIEGNITZ** **BRESLAU**

Schlesien
(Grenzen 1940)

SPREE

LAUSITZER NEISSE

Cottbus

Grünberg

Glogau

Sagan

Sprottau

Hoyerswerda

QUEIS

BOBER

Trebnitz/
Zedlitz

Görlitz

Lauban

Bunzlau

Liegnitz

Breslau

Dresden

Löwenberg

Jauer

ODER

Iser-
gebirge

Hirschberg

Zittau

Riesengebirge

Grüssau

Grottkau

Oppeln

ISER

GLATZER

Glatz

NEISSE

Neisse

Gleiwitz

ELBE

Kattowitz

Ratibor

ELBE

Prag

NEISSE **GLATZ** **RATIBOR** **OPPELN** **GLEIWITZ**

Von den frühen Kolonisten des 13. Jahrhunderts, die aus Franken, Bayern, Schwaben und Thüringen kamen, bis hin zur Zugehörigkeit Schlesiens zu Böhmen und dem Kaiserreich Österreich-Ungarn finden sich Spuren in der schlesischen Küche.

Die typisch schlesischen »Kließla« können ihre Verwandtschaft mit bayerischen Knödeln, Thüringer Klößen, schwäbischen Klöß und Knöpfle sowie Wiener Mehlspeisen und Backwerk nicht verleugnen. Süßspeisen sind traditioneller Bestandteil schlesischer Mahlzeiten. Das »schlesische Himmelreich«, gewissermaßen Nationalgericht der Region, serviert Backobst zu Fleisch und Klößen. Festtage bieten Anlass, die ganze Pracht der Küche auf den Tisch zu bringen. Ob zum »Kindelschmaus« (Taufe), auf der »Huxt« (Hochzeit), beim Schlachtfest – Essen und Trinken dürfen nie fehlen. Besondere Reichhaltigkeit entfalten die Erntemonate bei der »Kerms« (Kirmes). Die Gaben der Natur werden in vielfältige Speisen verwandelt, während sich die ländliche Bevölkerung unter der Erntekrone – gewunden aus Ähren, Blumen und Eichenlaub – singend und tanzend vergnügt.

Landschaft, Boden und Klima formen den Menschen und bestimmen seine Ernährung, die hier urwüchsig-rustikal ist. Neben Erzeugnissen der Garten- und Feldwirtschaft erscheint nicht nur das Fleisch der Weidetiere auf dem Speiseplan, sondern zu besonderen Gelegenheiten auch Wild und Fisch. So probiere man zu Weihnachten den würzigen Karpfen auf polnische Art, der durch seine Zutaten Feiertagsdüfte verströmt, oder genieße im Herbst die schmackhaften Wildvariationen! Ich habe viele Gerichte nachgekocht und aktualisiert für die Zubereitung in der heutigen Küche, einige Rezepte sind originalgetreu wiedergegeben.

Während meiner Lehrzeit in Thüringen lernte ich auch Elsa Topf kennen, die nach Vertreibung und langer Suche bei Verwandtschaft in Meuselwitz untergekommen war, wo sie 1983 starb. Sie stammte ursprünglich aus Glatz, einer Stadt im südlichen Mittelschlesien. Dort beginnt auch dieses Buch, das gedacht ist als eine kulinarische Zeitreise durch das historische Schlesien – von Glatz in das östliche Oberschlesien und über Breslau in den westlichen Teil Niederschlesiens mit dem sagenumwobenen Riesengebirge.

Was in einer kleinen thüringischen Stadt begann und in Leipzig den entscheidenden Anstoß bekam, liegt jetzt, fast 30 Jahre später, als fertiges Buch vor. Allen, die meiner Neugier und meinen Fragen nach Schlesien und der alten Zeit geduldig Zeit opferten und mich großzügig mit Material bedachten, sei herzlich gedankt!

Harald Saul

Hausrezepte von Elsa Topf – Glatz um 1928

Weihnachten 1919: rechts im Bild Elsa Topf (1902-1983),
links ihre Mutter Hermine (1870-1951),
in Uniform Otto Papst (1881-1922)

$\mathcal{D}$ie Stadt Glatz (heute polnisch Klodzko),
mitten in einem südschlesischen Talkessel gelegen, wird urkundlich erstmals 981 erwähnt
und ist damit der älteste geschichtlich bezeugte Ort Schlesiens. Seit 1137 unter böhmi-
scher Oberherrschaft stehend, kam die gleichnamige Grafschaft als Ergebnis des Ersten
Schlesischen Krieges (1740-1742) zu Preußen. Geschichte und Bild der Stadt sind glei-
chermaßen durch die Zugehörigkeit zu Böhmen wie zu Preußen geprägt.
Über allem thront majestätisch die Festung, die Glatz als alte Garnisonsstadt ausweist. Sie
entstand nach dem Ende des 30jährigen Krieges 1648. Bekanntester Oberbefehlshaber
war in der Zeit von 1742-1760 der preußische Generalmajor Heinrich August Freiherr de
la Motte-Fouqué. In seine Kommandantur fällt der Aufenthalt des wohl berühmtesten Ge-

fangenen der Festung, des Freiherrn Friedrich von der Trenck (1726-1794). Er war 1744 Ordonnanzoffizier Friedrichs des Großen, fiel aber in Ungnade. Nach zweijähriger Gefangenschaft gelang ihm 1747 eine spektakuläre Flucht, die in jüngerer Zeit erfolgreich verfilmt wurde.

Neben der protestantisch-preußischen Prägung finden sich auch Zeugnisse böhmisch-katholischen Einflusses, so die Pfarrkirche Mariä Himmelfahrt. Sie wurde im 14. Jahrhundert durch den Bischof Arnestus von Pardubitz (1287-1364) gegründet, im 15. Jahrhundert um Türme und Seitenschiff erweitert und schließlich nach 1673 in barocker Ausstattung vollendet. Bekannt wurde die »Glatzer Madonna«, eine als wundertätiges Marienbild verehrte Schenkung des Bischofs, die sich heute in Berlin befindet.

Auch noch im frühen 20. Jahrhundert spielte die Präsenz des Militärs in Glatz eine bedeutende Rolle. Die durch die Stadt ziehenden Soldaten waren ein gern bestaunter Anblick. Und erst die berittenen Offiziere in ihren prächtigen Uniformen! Das Herz so mancher jungen Frau wurde schwach, so auch das von Hermine Topf, der Mutter der im Vorwort erwähnten Elsa Topf. Sie machte die nähere Bekanntschaft eines jungen Leutnants. An einem warmen Herbsttag im Jahr 1901 führte sie ein Kutschenausflug in das nahe Reichensteiner Gebirge.

Im Juni 1902 kam Elsa Topf zur Welt. Doch die junge Mutter freute sich nicht sonderlich über die Geburt. Denn ihr Verehrer, dem sie bei einem Treffen im Dezember ihre Schwangerschaft anvertraut hatte, reagierte ungehalten und drängte auf eine Abtreibung. Bis Mai 1902 arbeitete die werdende Mutter als Verkäuferin beim Juwelier Scholich in der Schwedeldorfer Straße. Die folgenden acht Jahre verbrachte Hermine mit ihrem Kind bei den Eltern, Oskar und Maria Topf.

Nach der Geburt nahm die Mutter eine neue Stelle als Verkäuferin im Schmuck- und Uhrenfachgeschäft des Juweliers Hampel an; der alte Scholich wollte eine allein erziehende Frau nicht beschäftigen. Als freundliche und tüchtige Verkäuferin erwarb Hermine Topf bald die besondere Gunst des Geschäftsinhabers. Er machte ihr einen Heiratsantrag und wollte auch den kostspieligen Gymnasiums-Besuch der aufgeweckten und gelehrigen Elsa finanzieren. Doch für sie blieb ab 1917 »nur« die Kaufmännische Schule von Alfred Jung, denn die Mutter fühlte sich mehr zu jüngeren Verehrern, meistens jungen Offizieren, hingezogen und schlug die Ehe mit ihrem Dienstherrn aus.

Glatz um 1920

Elsa Topf erinnert sich lebhaft daran, wie die Mutter einen jungen Offizier, der fast ihr Sohn hätte sein können, beim Kauf eines schweren Motorrades unterstützt hatte. Zu dritt – Elsa war damals elf – standen sie in einem Motorradgeschäft gegenüber der Reichspost am Wilhelmsplatz. Dieser Offizier, Otto Papst, wohnte später bei den beiden Frauen. 1922 starb er an den Folgen einer Kriegsverletzung.

Die Zeit zwischen 1925 und 1933 sei schön gewesen, erinnert sich Elsa Topf. Mutter und Tochter unternahmen viele Sonntagsausflüge mit dem Auto des Juweliers Hampel in die Gegend um Glatz. Oft waren sie auf dem Glatzer Schneebergturm, im Wiener Café des Herrn Seibert in Neurode oder fuhren nach Albendorf zu Oswald Gottschlichs Gasthaus »Süße Ecke«. Hermine Topf liebte hier besonders den Kroatzbeerenlikör. Elsa genoss diese schöne Zeit. Sie war noch jung, glaubte das Leben vor sich. Damals arbeitete sie bei einer Stadtbehörde in Glatz und galt als begehrte Sekretärin, weil sie so schnell mit der Schreibmaschine umgehen konnte. In dieser Zeit fing Elsa Topf an, Küchenrezepte zu sammeln, sie schrieb immer genau dazu, von wem und wo das Gericht gekocht wurde.

Die Familie Topf wurde wie viele Schlesier Opfer der Vertreibung. 1944, nach dem Tod von Oskar und Maria Topf, verließen Elsa Topf und ihre Mutter die Heimat. Lange suchten sie nach ihren Verwandten, die sie endlich im thüringischen Meuselwitz fanden. Hier ist Elsa Topf 1983 auch verstorben.

Elsas Häckerle

Ob in Breslau, Kattowitz, Saybusch oder auch Grünberg – diese echt schlesische Spezialität ist überall bekannt. In fast allen handgeschriebenen Familienkochbüchern meiner Sammlung ist dieses Gericht zu finden.

Frau Topf erzählte mir, dass es auch als Brotaufstrich verwendet oder zu Pellkartoffeln gegessen wurde. Eine befreundete Familie in der Schwedeldorfer Straße, die Familie Laschtowitz, habe diese Köstlichkeit meist zum Herrenabend mitgebracht.

Man traf sich oft, mal bei Topf's und mal bei den Laschtowitz', aber immer musste es Häckerle geben. Manchmal stritten auch die Männer, wessen Frau das Gericht besser zubereiten könne. Es wurde Karten gespielt, oft auf der Mandoline geklimpert und später, als man bei Scholz an der Pilsner Bierhalle ein Grammophon gekauft hatte, hörte man zusammen Opernarien an.

2 Salzheringe, 2 Eier,
20 g Butter, 1 Zwiebel

Die Heringe waschen und über Nacht wässern lassen. Abziehen, entgräten, trockentupfen und fein hacken. Die Eier hart kochen, abpellen, dann halbieren. Die Butter schaumig rühren, das Eigelb aus den Eiern durch ein Sieb drücken und dann mit der Butter vermengen. Eiweiß und die Zwiebel feinwürflig schneiden. Alles miteinander vorsichtig vermengen und noch mindestens eine Nacht kalt stellen.

Schwärtelbraten

Elsa begleitete ihren Großvater Oskar sehr gern in die Gastwirtschaft des Herrn Schmidt, nahe dem Glatzer Gymnasium. Der Großvater war Stammtischvorsitzender und traf sich hier mit Geschäftsfreunden, z.B. Herrn Lindner, Besitzer des Kolonialwarengeschäftes in der Judenstraße, der Elsa immer kleine, leckere Schokoladentafeln mitbrachte und an ihren dicken, blonden Zöpfen zog. In der Schmidtschen Gaststätte verstand man den Schwärtelbraten besonders gut zuzubereiten. Eine schlesische Spezialität, die ebenfalls in vielen Familienkochbüchern auftaucht.

Schweinekeule, ca. 1,5 kg, bitte mit Schwarte,
Salz, Pfeffer und Kümmel nach Geschmack,
2 Zwiebeln,
3 EL Speisestärke,
1/4 l saure Sahne

Stammtischgesellschaft, Glatz um 1910

Die Schweinekeule gut mit den Gewürzen einreiben. 1/4 Liter Wasser in einem großen hohen Topf aufkochen. Das Fleisch mit der Schwarte nach oben hineinlegen und zudecken. Den Topf in die vorgeheizte Röhre stellen und bei 200 Grad 45 Minuten dort belassen. Danach das Fleisch herausnehmen und kreuzweise die Fettschwarte, ebenso das darunter liegende Fett einschneiden. Das Fleisch zurück in den Topf legen, aber mit der eingeschnittenen Seite nach oben. Die in Scheiben geschnittenen Zwiebeln dazugeben und den Topf dann wieder für 1 Stunde offen in die Röhre stellen.

Jetzt ab und an kochendes Wasser zugießen, in der letzten viertel Stunde nichts mehr zugießen, damit eine schöne braune, knusprige Schwarte entstehen kann. Das Fleisch herausnehmen und in der ausgeschalteten Röhre warm stellen.

Den Bratenfond mit etwas Wasser loskochen, mit der Speisestärke binden und mit saurer Sahne vollenden. Die Soße abschmecken und den Braten in Scheiben schneiden. Die Schwarte in kleine Würfel schneiden und extra reichen. Dazu gab es bei Familie Topf immer Mehlklöße.

Schlesische Mehlklöße

Diese Klöße waren die Lieblingsspeise von Elsa Topfs »Fast-Verlobten« Richard Heinze. Er betrieb mit seinem Onkel in der Grünen Straße in Glatz ein feines Bekleidungsgeschäft. Richard Heinze verstarb 1924 an den Folgen eines Unfalls bei einem Reichswehreinsatz in Chemnitz 1923.

1/4 l Milch,
2 EL Butter,
1 Prise Salz, 1 Prise Zucker,
150 g Weizenmehl,
5 Eigelb,
5 Eiklar, fest schlagen,
Butter zum Ausstreichen des Leintuches

Die Milch mit 2 EL Butter und Salz sowie dem Zucker aufkochen. Das Weizenmehl hineinrühren und solange durchkochen, bis sich die Masse vom Topfboden löst. Nach dem Erkalten die Eigelb in die Masse rühren und das steif geschlagene Eiklar unterheben.
Ein Leintuch in einem großen Topf mit heißem Wasser brühen, auswringen und dann den Kloßteig in das mit Butter ausgestrichene Leintuch geben. Das Tuch zubinden, aber nicht zu eng, damit der Teig bei Hitze dann auch gehen kann. Das Tuch für eine Stunde in einen Topf mit sprudelndem Salzwasser hängen. Herausnehmen und den Teig in Scheiben schneiden.

Glatzer Apfelklöße

500 g säuerliche Äpfel,
300 g Weizenmehl,
1 Ei, 20 g Butter,
1/2 TL Backpulver,
1/8 l Milch, 1 Prise Salz,
braune Butter nach Bedarf,
Zucker und Zimt zum Bestreuen der Apfelklöße

Der Glatzer Schneebergturm um 1920

Die Äpfel schälen, vierteln, entkernen und dann grob würfeln. Aus Mehl, Ei und der zerlassenen Butter, dem Backpulver, den Äpfeln und der Milch einen nicht allzu festen Teig kneten. Dann mit zwei angefeuchteten Esslöffeln Klöße aus dem Teig abstechen.
In einem großen Topf Salzwasser zum Köcheln bringen und die Klöße hineingeben. 15 Minuten ziehen lassen und aufpassen, dass die Klöße nicht kochen. Herausnehmen und mit brauner Butter übergießen, dann mit Zucker und Zimt bestreuen.

In vielen Familienkochbüchern finden sich auch Rezepte, in denen statt Apfelwürfeln knusprig angebratener, kleingeschnittener Bauchspeck untergehoben wurde (100 g auf 4 Personen, geschmacklich eine Aufwertung, aber eine Kalorienbombe!).

Lungensuppe nach Glatzer Art
um 1925

500 g Lunge (beim Fleischer vorbestellen),
Salz nach Belieben,
2 Möhren, 2 Zwiebeln,
1 Stange Lauch,
1/4 Sellerie,
100 g Spitzkornreis,
1 Bund Petersilie

Die Lungen gut waschen und in reichlich Salzwasser (etwa 2 l) mit den geputzten Möhren, Zwiebeln, Lauch und dem Sellerie köcheln lassen. Dann die Lunge herausnehmen und die Brühe durch ein Sieb gießen. Den Reis, den man vorher gut abgespült hat, in die Brühe geben und gute 20 Minuten kochen lassen. Die Lunge in kleine Würfel schneiden und die innen liegenden Kanäle entfernen. Es empfiehlt sich dazu ein kleines spitzes Messer. Das Gemüse ebenfalls in kleine Würfel schneiden und zusammen mit den Lungenwürfeln wieder in die Suppe geben. Mit der gehackten Petersilie bestreuen und servieren.

Von diesem typischen Gericht gibt es zahlreiche Varianten, z.B. können statt Reis auch Kartoffelstückchen an den Eintopf gegeben oder auch Klöße dazu gereicht werden.
Die Suppe wurde um 1925 in vielen Glatzer Familien gekocht.

Oberschlesien:
Eichendorff und die schlesische Identität

»Man kann durch viele Länder reisen,
das Land des Anfangs gibt es nur einmal.«
Gerhard Gruschka

Joseph von Eichendorff
1788-1857

Zu den berühmtesten Söhnen Schlesiens gehört der Dichter Joseph von Eichendorff. Er wurde 1788 als zweiter Sohn auf Schloss Lubowitz nördlich von Ratibor geboren. Dort stehen noch heute die Überreste des Gebäudes, das 1945 als strategisch wichtiger Punkt zerstört wurde.
Eichendorff kann in mehrerlei Hinsicht als Symbolfigur für Schlesien gelten. In einem seiner Schulzeugnisse wird er amtssprachlich als »Utraquist« (»utraque lingua utens«) bezeichnet, was bedeutet, dass er neben seiner deutschen Muttersprache auch fließend

polnisch beherrschte. Im Stammbaum seiner Familie, einem österreichisch geprägten Adelsgeschlecht, sollen sich polnische Vorfahren befinden. Mehrsprachigkeit gehört hier zum guten Ton und überschreitet nationalstaatliches Denken. Als Student in Halle sammelt er ganz im Geist der Zeit Volksmärchen, darunter auch polnische. Trotz langer berufsbedingter Aufenthalte außerhalb Schlesiens bleibt Eichendorff zeit seines Lebens seiner Heimat verhaftet. Er stirbt 1857 in Neisse.

Eichendorffs Dichtungen durchzieht, nicht erst nach dem Tod der Mutter und dem Verlust sämtlicher Familiengüter im Jahre 1822, das Motiv der Heimat, das sich als Sehnsucht nach den verlorenen Ursprüngen, der Kindheit, nach Heimkehr und Geborgenheit darstellt. Religiös überhöht wird dieses Motiv in der Heimkehr zu Gott nach dem Tod. In dem folgenden Gedicht von 1833 finden sich alle typischen Elemente wieder, die die Grundstimmung der Heimat-Sehnsucht erzeugen.

Letzte Heimkehr

Der Wintermorgen glänzt so klar,
Ein Wandrer kommt von ferne,
Ihn schüttelt Frost, es starrt sein Haar,
Ihm log die schöne Ferne,
Nun will er endlich rasten hier,
Er klopft an seines Vaters Thür.

Doch todt sind, die sonst aufgethan,
Verwandelt Hof und Habe,
Und fremde Leute sehn ihn an,
Als käm er aus dem Grabe …

Wichtiger Bestandteil der Heimat ist die Landschaft. Bei Eichendorff wird sie symbolisch dargestellt – ohne konkrete Ortsangaben. Nur Entwürfe offenbaren die Bezüge zu Schlesien, so z.B. in einer Arbeitsversion des Gedichts »Heimweh. An meinen Bruder« von 1835. Dort sinkt der Wanderer zum Schluss »auf der Schwelle von Lubowitz« müde zu Boden. Später lautet der Vers unverbindlicher »auf des Vaters Grabe«.

Heimatverbundenheit und Religiosität sind Merkmale aller Schlesier – jener, die flohen oder vertrieben wurden, und der wenigen, insbesondere Oberschlesier, die 1945 in ihrer Heimat bleiben konnten.

Nicht nur der sonntägliche Gang in den Gottesdienst und die zahlreichen Kirchen zeugen von Frömmigkeit und Verwurzelung im Glauben. Auf Wanderungen kommt man am

Wegesrand immer wieder an Kreuzen und Bildstöcken vorbei; Kapellen bieten sich an zu Rast und Besinnung.

Religiöser, aber auch historisch-politischer Mittelpunkt ist Annaberg, die mit 410 m höchste Erhebung Oberschlesiens westlich von Gleiwitz. Kloster und Wallfahrtskirche zogen und ziehen die Gläubigen an. Politisch bedeutsam wurde der Ort durch die Niederschlagung des polnischen Aufstands im Mai 1921. Das von den Nazis im Gedenken an die deutschen Opfer errichtete Mahnmal wurde 1945 gesprengt und aus den Trümmern am Rande des Dorfes ein polnisches Ehrenmal errichtet.

Im Zuge der Völkerverständigung und Aussöhnung hat die deutschsprachige Bevölkerung vor allem nach dem Zusammenbruch des Kommunismus mehr Rechte zurückgewonnen. Gottesdienste in deutscher Sprache sind mittlerweile keine Seltenheit mehr. »Die größere Freiheit der letzten Jahre hat in Oberschlesien eine Besinnung auf Herkunft und Identität geweckt und damit verbunden die Erkenntnis, dass man seine Identität leichter zurückgewinnen kann, wenn man auch über die Sprache den Weg zu ihr findet. […] Über Eichendorff und Lubowitz gewinnen die Deutschen in Oberschlesien noch heute ein Stück ihrer Identität zurück«, schreibt Gerhard Gruschka, der nach fast 50 Jahren das Land seiner Kindheit wieder besuchte. Doch auch die Polen akzeptieren heute das deutsche Kulturerbe. Auf dem Lubowitzer Friedhof gibt es wieder den Gedenkstein für den Dichter, im Pfarrhaus befindet sich ein kleines Museum und in Ratibor seit 1994 ein Denkmal.

Der Koch und Konditor Otto Schreiner aus Neisse

Otto Schreiner um 1910

*L*ebendig bleibt, wessen Name und Schaffen in der Familie fortlebt. So ist es auch bei Otto Schreiner, an den man bei Familienfeiern in Gaststätten früher immer dachte, wenn es hieß, der Koch habe so gut gekocht wie Großonkel Otto. Man nannte ihn auch den schlesischen Koch, weil er eine laute Mundart sprach und deshalb überall auffiel.

Otto Schreiner wurde 1885 in Neisse, heute polnisch Nysa, geboren. Seine Eltern hatten neben der Pfarrkirche Sankt Jakobi ein kleines Café mit eigener Konditorei. Der Vater, Gustl Schreiner (1854-1923), war berühmt für seine Mohntorte und sein einzigartiges

Früchtebrot. Von 1907 bis 1920 arbeitete Otto Schreiner als Koch und Konditor in Gaststätten in Breslau. Die Liebe zu Maria Kern (1887-1949) ließ ihn jedoch 1920 nach Hause kommen. Es störte den gelernten Konditor nicht, dass Maria Kern »bloß« Bandarbeiterin in einer Gewehrfabrik war und vor allem die Eltern eine Verbindung der beiden ablehnten, hatte man doch schon eine Hotelbesitzerstochter aus dem Riesengebirge ausgesucht. Wegen mehrerer Todesfälle in der Familie verschob sich die Hochzeit immer wieder. Eigene Kinder hatten die beiden nicht, aber den Großneffen Herbert Wunderlich nahm man als Kind auf, da er das Gymnasium in Neisse besuchte und nur alle 14 Tage am Sonntag zu den Eltern nach Schosnitz durfte. Das Paar habe »in Sünde« zusammengelebt, nennt es Familie Wunderlich, die mir bei einem Besuch in Bad Brambach handgeschriebene Rezepte und das Jugendbild des Großonkels gab. Herr Wunderlich erzählte von der Kirche und den vielen kleinen Kapellen mit den klobigen Türmen. Nach der Wende sei man einmal nach Neisse gefahren. Alles um die Kirche herum sei verschwunden, und sie stehe nun allein da wie eine traurige alte Frau, der man die Kinder weggenommen habe.

1944 gab das nun fast 60jährige Paar das Café auf und zog ins Vogtland, wo schon zwischen 1920 und 1930 zahlreiche Verwandte hingezogen und vogtländisch-schlesische Familienverbindungen zwischen den Schreiners und den Wunderlichs entstanden waren. Als Maria Kern 1948 anfing zu kränkeln, soll sie immer gesagt haben: »Eines Tages kenne wir wieder heem, nach Neisse …« Bei der Gründungsfeier der DDR im Oktober 1949 schloss sie die Augen – wohl wissend, was dieser Festakt bedeutete.

Nach Maria Kerns Tod wurde der alte Herr etwas eigenbrötlerisch und zänkisch. Zwei Volkspolizisten, die seine Kellervorräte kontrollieren wollten, verjagte er kurzerhand mit dem Schäferhund vom Grundstück. Ein Gastwirt, der um sein Geschäft fürchtete, hatte ihn angezeigt. Die Polizisten konnten aber nichts finden, waren sie doch erst kurz zuvor, ohne es zu wissen, vom alten Schreiner auf einer Hochzeit bekocht worden.

Bis ins hohe Alter kochte Otto Schreiner zu festlichen Anlässen in und um Bad Brambach und versorgte die Verwandtschaft mit Torten und Kuchen. Er starb im August 1961 nach einem Herzanfall. Man sagt, er habe den Bau der Mauer nicht verkraftet. Er lehnte sie ab, obwohl er Kommunist war und für seine Überzeugung eine Zeitlang unter den Nazis im Gefängnis in Hohenstein gesessen hatte.

Herbert Wunderlich hat das Kochbuch und viele Erinnerungen an seinen Großonkel Otto bewahrt und für dieses Kapitel zur Verfügung gestellt.

Schreiners Mohntorte

(altes schlesisches Rezept)

5 Eier,
250 g Margarine,
1 Kaffeetasse gestrichen voll mit Zucker,
100 g ungemahlener Mohn,
100 g Weizenmehl,
1/2 Päckchen Backpulver, 1 Päckchen Vanillezucker,
5 Spritzer Mandelaroma

Die Eier trennen. Eigelb, Margarine und Zucker schaumig rühren. Die anderen Zutaten dazugeben und alles verrühren. Das Eiklar steif schlagen und unter die Masse heben. Den Teig in eine Springform geben und 45 Minuten bei mäßiger Ober- und Unterhitze backen. Nach dem Erkalten den Kuchen mit einem einfachen Zuckerguss überziehen.

Diese Torte wurde in vielen schlesischen Haushalten ebenso gebacken, wie die 34 Rezepte beweisen, die ich zu dieser Torte zugeschickt bekam, darunter genau 23 mit gleichem Wortlaut.

Schreiners Früchtebrot

125 g Margarine (besser Butter),
3 Eier,
50 ungeschälte Mandeln, mit Schale spalten,
150 g Haselnüsse, grob gespalten,
150 g Feigen, in dünne Streifen schneiden,
150 g Zitronat,
250 g Rosinen,
1 Prise Zimt,
1 Päckchen Backpulver, 1 Prise Salz,
150 g Weizenmehl,
Butter zum Ausstreichen der Kastenbackform

Butter oder Margarine schaumig rühren und die Eier dazugeben. Alle Zutaten nach und nach dazugeben und das Mehl darüber sieben und schön miteinander verkneten. Zu einem Brot formen und in die eingefettete Backform geben. 60 Minuten bei mäßiger Ober- und Unterhitze backen.

Dieses Rezept habe ich nicht nur in vielen Familienkochbüchern aus dem schlesischen Gebiet nachlesen können, sondern auch im Sudetenland, in Bayern und in Thüringen war es um 1910 sehr weit verbreitet.

Wilder Schweinebraten
in Buttermilch

Der wie Wildschwein zubereitete Braten erfreute sich besonderer Beliebtheit in der Schreinerschen Familie und wird auch heute noch sehr gern gekocht. Als ich im September 2002 in Bad Brambach die Familie Herbert Wunderlich besuchte, konnte ich das Gericht kosten.

500 g Schweinefleisch aus der Keule,
1 l Buttermilch,
50 g Fett zum Anbraten (Schmalz oder Butterschmalz),
1 Bund Suppengrün
(1 Möhre, 1/4 Sellerie, 1 Stange Porree)
schälen bzw. putzen, waschen und klein schneiden,
2 große Zwiebeln,
5 Wacholderbeeren, 1 Prise Salz und Pfeffer,
Kartoffelmehl zum Binden

Zum Abschmecken werden Salbei, Majoran
und gemahlener Kümmel empfohlen.

Das Fleisch 4 Tage in Buttermilch legen. Dann herausnehmen und gut abtupfen. Im heißen Fett schön goldbraun anbraten, das Suppengrün und die Zwiebeln dazugeben, mit anrösten und mit der Buttermilch begießen. Das Fleisch bei geschlossenem Topf 1 Stunde lang köcheln lassen. Nun erst das Salz, Pfeffer und die zerstoßenen Wacholderbeeren dazugeben.
Das Fleisch probieren und wenn es fast gar ist, im geschlossenen Topf auf ausgedrehter Flamme eine gute viertel Stunde stehen lassen. Das Fleisch herausnehmen und die Soße mit dem in kaltem Wasser angerührten Kartoffelmehl binden. Mit Salbei, Majoran und gemahlenem Kümmel abschmecken. Die Soße vor dem Servieren noch einmal durchsieben.
Dazu gab es früher bei Otto Schreiner immer Salzkartoffeln oder Semmelknödel.

Eine Hochzeit in der Familie Schreiner-Wunderlich in Bad Brambach 1932.
Der Junge im Matrosenanzug ist Herbert Wunderlich mit 9 Jahren.

Roggenplätzchen

Diese Plätzchen waren sehr beliebt und etliche Bäcker haben das Rezept von Herrn Schreiner »gekauft«. Herbert Wunderlich erzählte mir lachend, dass er gehört habe, dass der alte Schreiner für dieses Rezept von jedem Bäcker Schnaps bekam. Jeden Bäcker ließ er im Glauben, dass er der einzige sei, der das Rezept wüsste.
In einigen anderen schlesischen Familienkochbüchern habe ich dieses Rezept ebenfalls entdeckt.

500 g Roggenmehl,
1 Päckchen Backpulver,
100 g Margarine, 200 g Zucker,
1 / 8 l Milch, Puderzucker

Das Roggenmehl mit dem Backpulver vermischt auf eine Backunterlage geben (vermutlich ein großes Holzbrett). In die Mitte eine Vertiefung drücken, auf den Mehlrand die Margarine in Flöckchen geben und den Zucker darüber streuen. Nach und nach die Milch in die Vertiefung geben und dann ganz vorsichtig die Zutaten zusammenkneten. Den Teig eine halbe Stunde ruhen lassen.

Danach den Teig dünn ausrollen und kleine Plätzchen ausstechen. Dafür eignet sich ein Weinglas, aber aufpassen: Das Glas bricht sehr schnell, wenn man zu fest aufdrückt. Die Plätzchen auf gefettete Backbleche legen und auf der mittleren Schiene bei 150 Grad etwa 20 Minuten backen. Mit viel Puderzucker besieben.

Gemüse-Fisch-Auflauf
nach Otto Schreiner

750 g Weißkohl, 1 Zwiebel,
500 g Kochfisch,
500 g Tomaten,
500 g gekochte Kartoffeln,
1/2 l saure Milch,
3 Eier, 2 EL Weizenmehl,
8 gehäufte EL Reibekäse (extra 8 Häufchen bilden),
weißer Pfeffer, Salz sowie etwas Zitronensaft zum Würzen

Den geschnittenen Weißkohl mit Zwiebelwürfeln und Salz in etwas Wasser halbweich dünsten. Den Kochfisch in etwa 5 cm große, aber flache Stücke schneiden und marinieren, das heißt die Fischstücke pfeffern und mit ein paar Zitronenspritzern beträufeln.
Die Tomaten abwaschen, den grünen Blütenansatz herausschneiden und die Tomaten in 1/2 cm dicke Scheiben schneiden. Die Kartoffeln ebenfalls in 1/2 cm starke Scheiben schneiden.
Für die Soße die saure Milch in eine Schüssel geben, die Eier unterschlagen, zuletzt das Mehl vorsichtig unterrühren. Es dürfen keine Klumpen entstehen. Am Ende etwas Salz und Pfeffer unterrühren.
Eine Auflaufform fetten. Zuerst den Kohl, dann den Fisch, darauf eine Tomatenschicht und nun eine Kartoffelschicht in die Form geben. Von jeder Zutat soviel aufheben, dass man eine komplette Wiederholung machen kann. Mit Kartoffeln abschließen, nicht mit Kohl, er wird beim Backen etwas strohig. Nach jeder Einzel-Zutaten-Schicht als Abschluss immer einen gehäuften Esslöffel Reibekäse dünn auf der Schicht verteilen, deshalb sollte man auch 8 Häufchen Reibekäse bilden. Zum Schluss die Soße sorgfältig auf dem Auflauf verteilen und das Ganze bei 180 Grad Ober- und Unterhitze 45 Minuten garen.

Tipp:
Ich habe dieses Gericht mehrmals gekocht und in die Soße etwas gehackte und dann mit Salz zerriebene Knoblauchzehe gegeben.

Schreiners Reisfleisch

150 g Zwiebeln (entspricht etwa 3 mittleren Zwiebeln),
50 g Butter, 1 EL Tomatenmark, 500 g Rindfleisch,
650 g Reis (Spitzkornreis), gut waschen und abtropfen lassen,
5 EL Haferflocken, geröstet (eine mit ganz wenig Butter ausgestrichene Pfanne benutzen),
2 EL Reibekäse

Zwiebeln ganz feinwürflig schneiden und in der Butter anrösten, das Tomatenmark dazugeben und mit etwas heißem Wasser ablöschen. Jetzt das gulaschartig geschnittene Fleisch dazugeben und gut eine halbe Stunde dünsten lassen.
Den gut abgetropften Reis dazugeben und das Ganze mit heißem Wasser aufgießen, bis zum Rand des Reises. Dieser sollte gerade so bedeckt sein. Alles eine weitere halbe Stunde auf mittlerer Stufe garen lassen, dann den Topf zur Seite ziehen und abdecken.
Jetzt die in Butter angerösteten Haferflocken und den Reibekäse darüber streuen und alles servieren.

Seinen Gästen servierte der Koch Schreiner das Reisfleisch immer in kleinen Kupfertöpfen. Um 1925 wollte er eine kleine, aber ganz feine Speisegaststätte in Neisse eröffnen. Für ein Haus nahe dem Kreuzherrenkloster liefen schon die Kaufverhandlungen. Bei einem Neissener Goldschmied ließ er sich kleine Portionskupfertöpfchen anfertigen für sein spezielles Reisfleisch. Leider reichte das Geld dann doch nicht, um seinen Traum zu verwirklichen. Zurück blieb eine riesige Kiste mit Kupfergeschirr. Beim »Umzug« von Schlesien nach dem schönen Bad Brambach ging fast alles bis auf Einzelstücke verloren.
Eine Kupferpfanne befindet sich heute als Geschenk von Herbert Wunderlich im Besitz des Autors. Nach dem Muster solcher Pfannen und Töpfchen der Neisser Goldschmiede hat man auch später in der DDR das kupferne Serviergeschirr für die gehobene Gastronomie, welche es ja auch in der DDR gab, angefertigt.

Neisser Honigkuchen, nach Otto Schreiner

Dieses Rezept fand ich ebenfalls in vielen schlesischen Familienkochbüchern und wieder mit identischem Wortlaut. Dieses sehr beliebte Gebäck wurde überall und oft gebacken.

500 g Kunsthonig, 100 g Zucker, 50 g Butter,
500 g Weizenmehl, 1 Prise Pfeffer, 1 Prise Kardamom,
abgeriebene Schale einer ganzen Zitrone, 100 g Mandeln, grob gestoßen mit Schale,
1 Päckchen Backpulver, 1 Prise Pottasche, in Wasser auflösen

Kämmereigebäude und Rathausturm in Neisse

Honig, Zucker und Butter aufkochen, abkühlen lassen. Inzwischen das Mehl, die Gewürze und das Backpulver trocken mischen. In die Mitte eine Vertiefung drücken und die Butter-Honig-Masse sowie die aufgelöste Pottasche hineingeben. Zuletzt die Mandeln untermischen. Alles gut vermengen und 3 Wochen im Keller in einer dicken Porzellanschüssel zugedeckt stehen lassen.

Nach dieser Zeit den Teig erst einmal in die leicht angeheizte (50 Grad) Backröhre zum Geschmeidigwerden stellen. Dann den Teig 1/2 cm dick ausrollen und auf gefettete Bleche legen. Mindestens 1 Stunde bei mittlerer Ober- und Unterhitze braun backen, dann in Rechtecke schneiden.

Der Kuchen wurde von den Kindern am liebsten noch warm verzehrt.

Oberschlesische Rezepte von Marie Meyer - Gleiwitz um 1900

Das Stadtwappen von Gleiwitz,
angefertigt von Gustav Freidrich um 1935

*I*n Oberschlesien kontrastieren weiträumige Industriegebiete im Norden mit ursprünglicher oder bäuerlich geprägter Natur im Süden (links der Oder). Sanfte Bodenwellen, Kirchtürme mit barocken Fassaden und Türmen, Obstbäume und lichte Baumgruppen bieten dem Auge Halt; weiter im Osten stehen noch dichte, dunkle Nadelwälder. Die Herrschaftsübernahme durch Preußen (1742) brachte Oberschlesien wirtschaftlichen Aufschwung. Mit dem Bau der Königlichen Eisenhütte und der Inbetriebnahme des ersten Kokshochofens auf dem europäischen Festland (1796) setzte die Industrialisierung ein, in deren Verlauf sich das nördliche Oberschlesien um Gleiwitz und Kattowitz zu einem Zentrum des Bergbaus und der Eisenindustrie entwickelte. Auch Kunstgießereien, die Schmuck, Plaketten und Medaillen herstellten, entstanden seit 1798. 1813 wurde hier das erste Eiserne Kreuz gegossen. Mit der Anbindung an die ostschlesische Eisenbahnlinie 1845 entwickelte sich Gleiwitz zum größten Güterbahnhof im seinerzeitigen Osten Deutschlands.

In Gleiwitz liegen auch die Wurzeln der heute in Leipzig heimischen Familie Meyer. Marie Meyer, die Mutter von Eduard Meyer, wurde 1888 in Gleiwitz als Kind einer Wäscherin und eines Bergmannes geboren. Der Vater starb 1900 bei einem Bergrutsch. 1904 begann Marie ihre Lehre bei der Hausköchin des Direktors der Oberschlesischen Hüttenwerke in Gleiwitz, bei der jüdischen Familie Lemberg. Das kinderlose Paar schloss das fleißige Mädchen ins Herz und unterstützte großzügig ihre Ausbildung zur Zeichen- und Turnlehrerin am Liegnitzer Seminar. Auch die Mutter, die im Lembergschen Haushalt die Wäsche wusch, sparte sich für ihre Tochter jede Reichsmark ab.

Zwischen 1910 und 1920 war Marie an einer Privatschule in Hannover tätig. Gern kochte sie für ihre Kolleginnen echt schlesische Küche, vorzugsweise die Gerichte, die die Mutter und die Hausköchin ihr gezeigt hatten. Die Rezepte hielt sie in einem eigens dafür angelegten Kochbuch fest.

1920 lernte sie in Hannover den Polizeihauptmann Erwin Mennert kennen, wurde schwanger und gab deshalb ihren Beruf auf. Sie zog in die Mennertsche Villa zu ihrem Lebensgefährten und dessen Mutter, die von der Wahl ihres Sohnes nicht begeistert war, was sie die junge Mutter bei jeder Gelegenheit deutlich spüren ließ. Da Erwin seiner künftigen Frau nicht beistand, kehrte Marie 1923 zu ihrer schwerkranken Mutter nach Gleiwitz zurück. Neben ihrer Arbeit als Lehrerin an verschiedenen Mädchenschulen in Gleiwitz pflegte Marie noch die Mutter, bis diese 1928 starb. Wieder waren es die Lembergs, die ihr und ihrem nun achtjährigen Sohn halfen, indem sie ihnen eine Wohnung verschafften. Herr Lemberg starb um 1939 auf einem KZ-Transport; man warf ihn irgendwo hinter einem Bahnhof unweit von Oppeln aus dem Zug und ließ ihn von anderen Juden begraben; das Schicksal der Ehefrau ist ungewiss geblieben.

1940 zogen Marie und ihr Sohn auf eine Stellenanzeige hin nach Leipzig, wo Frau Meyer bis 1954 an einer Förderschule arbeitete. Sie starb 1969.

Sohn Eduard ist heute 82 Jahre alt und noch ganz »auf der Höhe«, wie er meint. Als Gefreiter überlebte er den Zweiten Weltkrieg, weil er frühzeitig in englische Gefangenschaft geriet. Er lernte fließend Englisch sprechen. So konnte er, nach dem Pädagogik-Studium in Halle, den Lehrermangel in der damals erst gegründeten DDR für sich nutzen. Bis 1987 arbeitete er als Oberstudienrat. Seine Frau Erika bekocht ihn noch heute mit schlesischen Gerichten nach der Art der Schwiegermutter.

Die Freundinnen in Hannover,
vorn rechts Marie Meyer 1915

Die Meyer-Rezepte
(Originaltexte)

Schlesisches Huhn in Gelee

Das Fleisch eines abgekochten Suppenhuhns wird vom Knochen abgelöst. Dann schneide man hartgekochte Eier und kleine Pfeffergürkchen in kleine, zierliche Stückchen. Aus 1/2 Liter Fleischbrühe, ein wenig Essig, Salz, Pfeffer und 8 Blatt weißer Gelatine eine Sülze kochen.

In eine Porzellanform gibt man zuerst einige Löffel Sülze und dann einige Eischeiben, Pfeffergürkchenfächer und einige Petersilienstengel. Dann gibt man das Fleisch hinein und gieße den Rest der Sülze darüber.

Gekochte Eier
mit Tomaten in Aspik

8 hart gekochte Eier werden geschält und geviertelt. 8 Tomaten enthäuten und achteln. Dann Sülze wie folgt zubereiten: 6-8 Blatt Gelatine in kaltem Wasser einweichen. Gut ausgedrückt unter 1/2 l heiße, gesiebte Hühnerbrühe geben und vorsichtig aufkochen. In eine Ringform etwa 1 cm hoch Sülze geben.

Zu Gelee erstarren lassen und dann abwechselnd Tomatenachtel und Eiviertel darauf geben. Dann den Rest des Gelees darüber gießen. Alles erstarren lassen, die Ringform auf eine Platte stürzen und in die Mitte einen einfachen Kartoffelsalat geben.

Hier ist besonders zu beachten, dass die Kartoffeln sehr fein geschnitten sind.

Gleiwitzer Gemüsetopf
um 1900

Geschälte Kartoffeln werden in Salzwasser leicht abgekocht und dann sofort in Scheiben geschnitten. Mageres Rindfleisch schneidet man in Würfel und bestreut es mit Salz, Pfeffer und reichlich mit kleingeschnittener Zwiebel und bräunt es in Butter an.

Zu empfehlen ist aber auch Speck.

In einen hohen Topf legt man Speckscheiben, Kartoffelscheiben und Fleisch schichtweise hinein. Dünn geschnittener Porree, kleine Möhrenwürfel und Bohnen, welche man vorher blanchiert hat, kommen ebenfalls hinzu und alles wird mit einer kräftigen Brühe aufgegossen.

Den Topf gut verschließen und zwei Stunden bei mittlerer Hitze köcheln lassen.

Empfehlung des Autors
für die Zutatenmengen zu obigem Rezept:

1 kg Kartoffeln,
1,5 kg Rindfleisch, durchwachsen,
Salz und Pfeffer nach Geschmack,
500 g Zwiebeln,
250 g Speck, durchwachsen,
2 Stangen Porree,
1 Bund Möhren oder 350 g Möhren, gewürfelt,
350 g grüne Bohnen

Rhabarber-Streusel-Kuchen

1 kg Rhabarber,
300 g Weizenmehl,
175 g Zucker,
125 g Butter,
50 g Marzipanrohmasse,
2 Eier,
1 TL Backpulver,
8 EL Haferflocken,
4 EL Milch,
Puderzucker zum Bestäuben,
Backpapier

Rhabarber putzen und waschen, in kleine Stücke schneiden. (X1) Für die Streusel 125 Gramm Mehl und 75 Gramm Zucker mischen und mit 75 Gramm Butter vermengen. (X2) Die Streusel beiseite stellen. Für den Teig das Marzipan würfeln, mit 50 Gramm Butter und 100 Gramm Zucker schaumig rühren. Eier nach und nach unterrühren. 175 Gramm Mehl, Backpulver und Haferflocken mischen. Abwechselnd mit der Milch kurz unterrühren.
Eine Backform mit dem Backpapier auslegen und den Teig einarbeiten. Sorgfalt muss in den Ecken (Boden zur Wand) angewendet werden.
Mit einer Gabel in den Boden stechen, damit der Teig beim Backen keine Blasen schlägt. Den Rhabarber einfüllen und gleichmäßig verteilen. Die Streusel auf den Kuchen verteilen und im vorgeheizten Backofen bei 180 Grad 1 Stunde backen. Auskühlen lassen und mit dem Puderzucker bestreuen.

Tipps des Verfassers
zu diesem schönen Rezept:

(X1) Sollten Sie gefrosteten Rhabarber verwenden, dann bitte den Rhabarber in einer Porzellanschüssel im Kühlschrank über Nacht auftauen lassen.
(X2) Am günstigsten ist es, erst das Mehl-Zucker-Gemisch zu bereiten und dann die leicht angewärmte Butter mittels elektrischem Handrührgerät (Knethaken verwenden) unterzuarbeiten.

Rezepte der Familie Kirchner aus Oppeln

Das Stadtwappen der Stadt Oppeln um 1930
Solche Scherenschnitte fertigte Erna Kirchners einstiger Bräutigam, Gustav Freidrich, von allen schlesischen Städten nach historischen Vorbildern und verkaufte sie an Stadtbesucher in Breslau. Mehrmals war er dabei von den Behörden als nicht gemeldeter Händler verhaftet worden.

*D*er Name Kirchner ist in Thüringen weit verbreitet. Viele Kirchners sind ab 1900 aus Schlesien ins Thüringische gekommen, noch mehr nach 1944. Die Familiengeschichte von Erna Kirchner ist typisch für viele schlesische Familien. Ihre Kindheit verlebte sie in der schönen Stadt Oppeln, heute polnisch Opole, an der Oder. Die Stadt Oppeln mit ihren vielen Brücken war früher ein großer Verkehrsknotenpunkt, und Erna Kirchner ging als kleines Mädchen oft an der Hand des Vaters zum Bahnhof und schaute den langen Fernzügen hinterher. Die Großeltern besaßen in Oppeln ein kleines Hutgeschäft.

Die Ur-Ur-Ur-Großeltern waren Mitbegründer der Gemeinde der Katholischen Pfarrkirche zum Heiligen Kreuz. Das Wohlergehen der Kirche, die ab 1972 offizielle Kathedralkirche in Polen wurde, ist lange Familienthema gewesen. Im Wohnzimmer von Erna Kirchner hing ein Bild dieser Kirche.

Das kulturelle Leben in Schlesien war bunter und reicher als in anderen Teilen Deutschlands. Die Eltern und auch die Großeltern Kirchner waren begeisterte Theateranhänger. Einmal im Monat fuhren sie nach Breslau in das bekannte Lobe-Theater, wo sie so beliebte Schauspieler wie Käthe Gold, Fita Benkhof und den von der Mutter sehr verehrten Heinz Rühmann erleben konnten.

Erna Kirchner selbst ging als junges Mädchen sehr gern in die Breslauer Oper. Sie sah für die damaligen Zeiten sehr gewagte Aufführungen von Brecht und Hindemith. Oft besuchte sie auch die Museen und Szenekneipen der Stadt. Bei diesen Ausflügen lernte sie den jungen Maler Gustav Freidrich (1915-1944) kennen, der sich als Porträtmaler und Kitschpostkartenmaler versuchte. Gustav Freidrich entstammte einer Oppelner Arbeiterfamilie, die sich das Kunststudium für den einzigen Sohn vom Munde abgespart hatte. Sein künstlerisches Vorbild war Käthe Kollwitz, die seinen Malstil entscheidend beeinflusst hatte.

Es wundert nicht, dass seine Bilder sich nicht verkauften. Denn zu der Zeit, als Erna Kirchner und Gustav Freidrich sich ineinander verliebten, breitete sich die Angst vor einem Krieg immer mehr aus. Eltern und Großeltern Kirchner warnten vor dem zunehmenden Einfluss der Nationalsozialisten. Gustavs Bilder wurden aus Angst vor den Nationalsozialisten als »entartete Kunst« von einem Verwandten der Kirchners auf dem Hof verbrannt.

Ehe sie überhaupt das Glück einer Familie kennengelernt hatte, war es für Erna Kirchner zu Ende. Gustav Freidrich kam aus dem Krieg nicht zurück, irgendwo bei Stalingrad erstickte er im Schützengraben.

Schlimme Zeiten waren für die schlesischen Familien und ihre jüdischen Mitbürger angebrochen. Es gab einen richtigen Familienkrach, als Vater Kirchner einen jüdischen Freund vor dem Abtransport in ein Vernichtungslager im Keller, hinter einem Regal, in einer kleinen, fensterlosen Kammer versteckte. Man hatte Angst, denn auf solche Hilfe stand die Todesstrafe. Dem Freund gelang später die Flucht nach England.

Erna Kirchner kam nach der Vertreibung ins thüringische Sonneberg, wo ich sie kennengelernt habe. Trotz ihres hohen Alters erinnerte sie sich an die Vertreibungen nach 1945. Packend sprach sie von den Menschen, die lieber in die Oder gegangen sind, als ihre schlesische Heimat zu verlassen. Oft alte Menschen und solche, die Angst vor dem hatten, was auf sie zukam.

Klar und mit fester Stimme erzählte sie, dass sie jetzt keinen Hass mehr gegen sowjetische Menschen habe, obwohl sie als junges Mädchen im Zuge der Vertreibung mehrmals von Sowjetsoldaten und auch von deren Offizieren vergewaltigt wurde. Lange konnte sie diese schrecklichen Erinnerungen mit niemandem teilen. Nicht einmal in der kirchlichen Gemeinde hörte man ihr zu. Erst im späten Alter fand sie in der Lektüre guter Bücher Kraft und Hilfe.

Maria Kirchner, genannt Lenchen, geb. Fink (1861-1919)
ganz rechts beim Kaffeekränzchen 1905 auf dem Landgut Plotz in Brieg

Die Arbeit wurde ihre Zuflucht. Erna Kirchner arbeitete lange Jahre im VEB Sternradio Sonneberg. Ihre geschickten Hände waren sehr gefragt. Oft half sie auch kranken oder in Not geratenen Bekannten. Doch im Herzen blieb sie allein, denn nie wieder konnte sie einem Mann vertrauen. Mit fast 90 Jahren zog sie zu Verwandten nach Berlin.
Weil sie selbst keine Nachkommen hat, schenkte Erna Kirchner mir das handgeschriebene, schon stark zerlesene Familienkochbuch für mein Archiv. Das Buch wurde traditionell von der Schwiegermutter an die Schwiegertochter weitergegeben. Nur Erna Kirchner, geborene Pfeilert, gab es an ihre Tochter weiter. Es beginnt 1836. Die Besitzerinnen des Kochbuches in chronologischer Reihenfolge waren:

- Anne Kirchner, geborene Schmied, 1809 in Breslau, gest. 1864 in Oppeln. Sie gründete zusammen mit Emil Wilhelm Kirchner das Hutmachergeschäft.
- Reinhild Kirchner, geborene von Plotz, 1840 in Brieg, gest. 1923 in Oppeln.
- Maria (Lenchen) Kirchner, geb. Fink, 1861 in Breslau, gestorben 1919 in Oppeln. Sie ist die Schreiberin des Rezeptes »Hühnchen im Wirsingmantel", notiert im Sommer 1901.
- Erna Kirchner, geborene Pfeilert, 1895 in Oppeln, gestorben 1976 in Saalfeld.
- Erna Kirchner, geboren 1914 in Oppeln und jetzt bei Berlin lebend.

Einige der schlesischen Küchenrezepte aus dem Kirchner-Kochbuch möchte ich im folgenden vorstellen.

Hausschlachtenes bei Kirchners,
Oppeln um 1920

Beim Fleischer Klinger an der Ecke wurden immer gleich größere Mengen bestellt, es reichte dann für mehrere Gläser.

Zutaten für drei Ein-Liter-Gläser Hausschlachtenes:
*1,5 kg Schweinebauch mit fester Schwarte (wurde immer extra bestellt,
die Mutter behauptete: je fester die Schwarte, desto besser die Bindung),
Salz, schwarzer Pfeffer,
500 g Schweineleber, 500 g Zwiebeln,
200 g Schweineschmalz, flüssig (beim Metzger kaufen),
4 Brötchen, altbacken (etwa 200 g), 2 EL Thymian, 3 EL Majoran*

Den Schweinebauch in 5 cm große Würfel schneiden und im köchelnden Salzwasser solange kochen, bis der Schweinebauch fast zerfällt.
Die geputzte Leber in kleine Würfelchen schneiden und mit dem Schweinebauch vermengen. Die Brühe aufheben und durch ein Sieb geben. Die Brötchen in der Brühe einweichen. Die Zwiebeln feinwürfelig schneiden und im Schmalz glasig schwitzen.
Aufpassen: Die Zwiebelwürfel sollen keine Farbe nehmen. Jetzt die Brötchen ausdrücken und zusammen mit dem Fleisch-Leber-Zwiebelgemisch durch den Fleischwolf drehen. Mit Thymian, Majoran, Salz und Pfeffer abschmecken.
Die Wurstmasse in die ganz heiß ausgespülten Gläser füllen. Die Gläser sofort verschließen. Im Wasserbad in der Backröhre bei 200 Grad 30 Minuten lang garen.

Hühnchen im Wirsingmantel 1901

*1 Kopf Wirsing (mindestens 1 kg),
Salz, Kümmel und schwarzer Pfeffer nach Belieben,
2 Hühnchen oder Hähnchen (beim Kauf darauf achten,
dass man keine Suppenhühner erwischt),
50 g Speck, aber richtig fetten! (Originaltext),
100 g Schinken, roh, 100 g Butter*

Besuch der Hauswirtsschaftsschule in Oppeln 1935.
Erna Kirchner rechts hinter der Milchkanne, in der karierten Kittelschürze.

Den Wirsingkohl putzen, waschen, die Blätter ablösen und in Salz-Kümmel-Wasser 5 Minuten kochen lassen. Dann herausnehmen, gut abtropfen lassen und die Rippen entfernen, weil die Rippen hart sind und außerdem etwas bitter schmecken.
Die Hühnchen gut waschen und innen und außen leicht salzen und pfeffern. Den Speck würflig schneiden und leicht glasig auslassen, dann erst den ebenfalls würflig geschnittenen rohen Schinken dazugeben.
Dann Schinken-Speckwürfel aus dem Topf nehmen, die Butter dazugeben und die Hühnchen in dem Fett rundherum schön goldbraun anbraten, herausnehmen und warm stellen. Den Topf mit den Wirsingblättern auslegen, dabei versuchen bis zum oberen Rand zu kommen. (Originaltext: Dies erfordert ein gewisses Maß an Geschick, wird aber durch den vortrefflichen Geschmack belohnt.) Die Speck-Schinkenwürfel immer dazwischen streuen. Die Hühnchen hineinlegen und mit den Kohlblättern schön einhüllen. 2 Tassen kochendes Wasser darüber gießen und den Topf gut verschließen. Die Hühnchen mindestens eine gute halbe Stunde auf mittlerer Flamme (Elektroherd: Stufe 2) köcheln bzw. schmoren lassen. Die Hähnchen werden längs halbiert und mit Klößen serviert.

Oppeln 1905

Mohn - »Klöße«
Oppeln im Frühjahr 1915

Dieses Rezept wurde von Brunhilde Fink, der jüngsten Schwester von Marie Kirchner, eigenhändig in das Familienkochbuch eingeschrieben. Sie kochte es bei ihrem letzten Heimaturlaub in Oppeln am 12. November 1915, bevor sie als Lazarettschwester durch einen Granattreffer bei Verdun umkam.

*250 g Mohn, gemahlen,
1 l Milch, 200 g Zucker,
100 g Rosinen, 100 g Mandeln,
500 g Brötchen, altbacken*

Den Mohn in 1 / 2 l Milch, der Hälfte Zucker und den Rosinen aufkochen lassen und eine halbe Stunde beiseite stellen. Jetzt die Mandeln abziehen, d.h. ins kochende Wasser geben und dann sofort abziehen, dann mit einem großen schweren Messer sehr fein hacken. Die Brötchen in dicke Scheiben schneiden, die andere Hälfte der Milch mit dem

Rest des Zuckers verrühren und über die Brötchenscheiben gießen. Alles gut einziehen lassen. Jetzt in eine Glasschüssel die Brötchenscheiben und die Mohnmasse abwechselnd einschichten.

In den Eisschrank stellen für mindestens 5 Stunden. Kalt aufschneiden und sofort servieren.

Erna Kirchners
Schlesisches Himmelreich

Bis heute so gekocht und bewundert.

Nachdem ich dieses Rezept gekocht hatte, meldete ich Zweifel an bei Erna Kirchner. Ob es denn auch so schmecken müsse. Beim nächsten Besuch bei ihr bekam ich das »Himmelreich« vorgesetzt und war nicht enttäuscht. Es schmeckte genauso wie meine Probe.

500 g Backpflaumen,
500 g Schweinebauch, möglichst geräuchert, 1/2 TL Zimt,
abgeriebene Schale von einer gut gewaschenen Zitrone,
50 g Butter, 50 g Weizenmehl,
Salz und Zucker nach Geschmack

Wer es säuerlicher mag, sollte den Saft der Zitrone dazugeben.

Die Backpflaumen über Nacht in kaltem Wasser einweichen. Den Schweinebauch in handliche Stücke schneiden und eine gute Stunde leise vor sich hin köcheln lassen. Dann die Backpflaumen mit dem Einweichwasser, dem Zimt und der abgeriebenen Zitronenschale dazugeben und alles eine weitere halbe Stunde köcheln lassen. Danach alles herausnehmen und über ein Sieb gießen und die Brühe noch einmal durchgießen. In einem anderen Topf Butter und das Mehl goldbraun anrösten und mit der Brühe aufgießen. Mit Zucker, Salz und evtl. Zitronensaft abschmecken. Den Schweinebauch in Scheiben schneiden und zusammen mit den Backpflaumen in der leckeren Soße noch einmal heiß werden lassen.

Dazu gab es immer die begehrten Semmelklöße.

Die Semmelklöße wurden in der Familie Kirchner fast genauso zubereitet wie vom Koch Heinrich Gersdorff (siehe Rezept Seite 70).

Die Schädlichs aus Oppeln -
ein Familienkochbuch 1880-1943

Sommerausflug der Familie Schädlich
an die jetzige polnische Ostseeküste um 1900
August Schädlich und Editha Schädlich,
geb. Lauban (1869-1949);
das Dienstmädchen Emilie Schubert aus Posen
hält Erna Schädlich (1898-1968) im Arm.

$\mathcal{A}$uf die schlesischen Wurzeln legte man auch in Selma Schädlichs Familie immer Wert. Ihren Vorfahren gehörte in Oppeln die Gaststätte »Deutsches Haus«. Als 1921 der Polenputsch Tausende von Deutschen das Leben kostete, mussten sie nach 60 Jahren Familientradition die Wirtschaft aufgeben.

Der erste Schreiber des Familienkochbuches war ihr Großvater August Schädlich (1854-1923), gelernter Koch und von 1880 bis 1908 im Oxford Hotel in Paris als Koch beschäftigt. Aus dieser Zeit datieren die ersten Rezepte, die August Schädlich wahrscheinlich von Heimweh geplagt aus der Erinnerung aufgeschrieben hat. Weitere entstanden in der Zeit, als August Schädlich als Küchenchef in einem Hotel in Lemberg (heute russisch Lwow) gearbeitet hat, bis er die Gaststätte in Oppeln von den Schwiegereltern übernehmen musste.

Seine Tochter Erna (1898-1968) führte später das Kochbuch weiter. Sie wurde in Oppeln geboren, schon als 14jährige arbeitete das Mädchen in der großelterlichen Gastwirtschaft mit, besuchte später eine Haushaltsschule und arbeitete als Hilfsschwester.

Überall sammelte sie Küchenrezepte, denn mit Köchen verstand sie sich immer besonders gut. Auch der Vater ihrer Tochter Selma war – wie könnte es anders sein – ein Koch. Aber geheiratet hat Erna Schädlich nie. Übrigens auch Selma nicht - sei halt nicht so einfach mit den Mannsbildern, lacht sie dröhnend und zieht mit ihren 76 Jahren an ihrem Zigarillo. Schmunzelnd meinte sie, die Bekanntschaften seien aber immer Schlesier gewesen.

Über ihre Mutter Erna Schädlich erzählt sie, dass sie eine sehr realistische Einstellung hatte und die erzwungene Besetzung Polens durch die Deutschen verurteilte. Oft gab sie zu bedenken: »…Wenn es anders herum kommt, dann wird es für alle sehr ernst. Auch für die, die schon immer in Schlesien gelebt haben.« Ihre schlimmen Vorahnungen wurden bald Realität: Zwischen 1945 und 1950 wurden Millionen Deutsche aus den ehemals deutschen Ostgebieten jenseits der Oder-Neiße-Linie zwangsausgesiedelt oder mit Gewalt vertrieben. So auch die Familie Schädlich aus Oppeln, die nur weniges retten konnte. 1957 fanden sie schließlich in Sonneberg eine Heimat. Erna Schädlich arbeitete hier lange Jahre, noch über die Rente hinaus, als Köchin in einer Schulküche. Ihre Tochter Selma, die gegenwärtige Besitzerin des Familienkochbuches, lebt seit 15 Jahren bei ihren Kindern im vogtländischen Pausa.

Schädlichs Weihnachtskarpfen

Das erste Rezept im Schädlich-Kochbuch datiert mit dem 12. Dezember 1880. Wahr-scheinlich hatte der junge Schädlich so viel Heimweh, dass er sich an die zu Hause gekochten Speisen erinnern wollte.
Noch heute wird in Pausa jedes Jahr zu Weihnachten der Karpfen nach diesem Rezept zubereitet. Es ist auch allgemein bekannt unter »Karpfen polnisch«.

1 Karpfen, etwa 2 kg schwer, lebend,
Essig, Salz, Pfeffer,
1 große Kartoffel,
2 mittlere Zwiebeln,
1 Lorbeerblatt und 4 Pfefferkörner,
1/2 l Bier (Schwarzbier oder dunkles Bier),
100 g Lebkuchenbrösel oder Soßenkuchen,
50 g Rosinen, aufquellen lassen,
50 g Mandeln, gehackt,
Zitronensaft und Zucker nach Geschmack,
50 g Butter

Den Karpfen schlachten und das Blut auffangen. In das Blut etwas Essig einrühren, damit es an der Luft nicht gerinnen kann. Den Karpfen gut unter kaltem, fließendem Wasser aus-spülen und austupfen. Innen salzen und mit einer großen, geschälten Kartoffel im Bauch in eine große Pfanne aufrecht hineinstellen. Alle Gewürze und die geschälten Zwiebeln in einem halben Liter Wasser aufkochen und über den Karpfen gießen. Bei 180 Grad 45 Mi-nuten in der Pfanne garen. Karpfen auf eine vorgewärmte Platte legen und in den Kar-pfenfond das Bier, Rosinen, Mandeln und das Karpfenblut hineingeben und alles noch einmal aufkochen. Karpfen in Stücke teilen, in die Soße geben und 5 Minuten ziehen las-sen. Die Butterflöckchen darüber geben. Dazu serviert man in Pausa immer Petersilien-kartoffeln.

Lemberg um 1912

Schädlichs Hefeknödel - Lemberg um 1910

Dieses Rezept führte der Küchenchef Schädlich in Lemberg als Gruß aus Oberschlesien ein. Die Klöße wurden aufgerissen, wenn sie aus dem Dampf kamen und waren dann fast tellergroß.

400 g Weizenmehl, 1 TL Zucker, 20 g Hefe, 1/8 l Milch, 1 Ei, 1 Prise Salz, 50 g Butter

Aus Mehl, Zucker und der in lauwarmer Milch aufgelösten Hefe einen Teig mischen und eine gute Stunde an einen warmen Ort stellen. Mit einem Küchentuch abdecken.
Dann das Ei, eine Prise Salz und die zerlassene Butter zu dem Teig geben und alles kneten, bis der Teig Blasen schlägt. Klöße formen und noch einmal stehen lassen. Jetzt über einen Topf mit kochenden Wasser ein Tuch spannen und festbinden. Die Klöße auf das Tuch legen und 30 Minuten garen lassen. Dann herausnehmen, auf je einen Teller einen Kloß geben, die Klöße mit Hilfe von zwei Gabeln aufreißen. Mit brauner Butter, Zucker, Zimt oder einer heißen Pflaumensoße übergießen.

Bad Landeck um 1938

Rindfleisch mit Rosinensoße
Bad Landeck 1925

1 kg Rindfleisch ohne Knochen,
50 g Rosinen, 20 Stück Mandeln,
50 g Butter, 50 g Weizenmehl, 1/2 l Fleischbrühe,
Zitronensaft, Salz und Zucker nach Geschmack

Das Rindfleisch in Salzwasser mehrere Stunden ohne Wurzelwerk und ohne jegliche andere Gewürze leicht kochen.

Die Rosinen waschen und in wenig Wasser bei schwacher Hitze ausquellen lassen, die Flüssigkeit aber aufheben. Die Mandeln brühen, abziehen und in kleine Stifte schneiden. Die Butter erhitzen und die Mandelstifte sowie die Rosinen anschwitzen, dann mit dem Mehl bestäuben. Mit 1/2 Liter Fleischbrühe aufgießen und das Rosinenwasser dazugeben. Die Soße eine gute halbe Stunde bei geringer Hitze köcheln lassen. Mit Salz, Zucker und Zitronensaft abschmecken. − Auch zu gebratenen Blutwurstscheiben oder zu weich gekochter Rinderzunge üblich.

Erna Schädlich als Hilfsschwester um 1926 in Bad Landeck

Weißkrauteintopf mit Gehacktem
um 1938

1 kg Weißkraut, 1 Ei,
200 g Hackfleisch, halb Schwein und halb Rind,
1 große Semmel, einweichen und ausdrücken,
2 mittelgroße Zwiebeln, feinwürflig schneiden,
100 g Bauchspeck, stark geräuchert,
1 / 2 l Fleischbrühe, Salz, Pfeffer, 1 EL Kümmel

Weißkohl in Streifen schneiden, waschen und abtropfen lassen. Gehacktes mit Ei, Semmel und der Zwiebel sowie Salz und Pfeffer vermengen. Den Speck in kleine Würfel schneiden und anbraten. Jetzt die Hackmasse dazugeben und so lange rühren, bis die Hackmasse schön braun ist.
Die Weißkrautstreifen unter das Gehackte geben und mit der Brühe aufgießen. Den Kümmel darüber streuen und mindestens eine halbe Stunde köcheln lassen. Mit Salz und Pfeffer abschmecken.

Das Dienstkochbuch von Emma Felgentraeger - Breslau 1918-1940

Die Frau mit der weißen Schürze ist Emma Felgentraeger um 1930 in Breslau.
Hinten links Edelgard Weiß, geb. Felgentraeger (1910-1985),
die Großmutter von Frau Dr. Schacht

*E*in Lehrgang zur diätetischen Küche führte mich Anfang 2000 dienstlich an die Universitätsklinik Heidelberg, wo ich mit dem Dozenten Dr. Schacht bekannt wurde und das berührende Schicksal der Felgentraegers, Verwandte seiner Frau, kennen lernte.

Emma Jungmann wurde 1893 in Breslau geboren. Ihr Vater Gustaf verdiente sein Brot als Kutscher einer Breslauer Zigarettenfabrik und Mutter Eleonore war Wäscherin im Augusta-Hospital. Emma Jungmann heiratete 1916 Paul Felgentraeger (1890-1929), der als Angestellter beim jüdischen Friedhof arbeitete. 1918 brachte Emma Felgentraeger ihre erste Tochter Judith zur Welt. Im Abstand von jeweils zwei Jahren folgten Josef, Elfriede und Reinhild. Die Familie wohnte in der Breslauer Albrechtstraße in einem Hinterhaus. Emma Felgentraeger trug zum Lebensunterhalt bei, indem sie für das wohlhabende ältere Ehepaar Blumenberg von 1917 bis 1939 als Privatköchin arbeitete. Herr Blumenberg war Professor an der Universität Breslau und ein Verfechter der schlesischen Küche.

Um 1918 begann Emma Felgentraeger ihr Dienstkochbuch zu schreiben. Neben ihrer Tätigkeit bei den Blumenbergs arbeitete sie noch stundenweise als Pflegekraft auf dem Breslauer jüdischen Friedhof. Sie und auch ihre Kinder pflegten sehr engen Kontakt mit jüdischen Bekannten und hingen dem jüdischen Glauben an.

Nach dem frühen Tod ihres Mannes war Emma Felgentraeger auf die Unterstützung des Professors Blumenberg und die der Verwandtschaft ihres verstorbenen Mannes angewiesen. Besonders das kinderlose jüdische Ehepaar Blumenberg betreute liebevoll ihre vier Kinder. Blumenbergs kamen wie viele ihrer Leidensgefährten im Holocaust ums Leben.

Im März 1940 verlor sich auch die Lebensspur von Emma Felgentraeger und ihren Kindern. Nachforschungen bei Hausbewohnern ergaben, dass die Familie von Männern in langen Ledermänteln und einem kleinen LKW abgeholt wurde.

Ohne die Verwandtschaft zu informieren, bezog ein Blockwart der NSDAP und dessen Familie die Wohnung der Felgentraegers. Die Fotos und die wenigen Dokumente, auch das »Dienstkochbuch« fanden die Verwandten im Keller des Hauses auf einem Abfallhaufen. 1943 konnte der Großteil der Familie Felgentraeger durch berufliche Umstände nach Köln übersiedeln und der Koffer mit den Dokumenten der Verschollenen wurde mitgenommen. Dr. Edelgard Schacht (geborene Felgentraeger) entdeckte den Koffer 1958 zufällig bei Renovierungsarbeiten auf dem Boden des Hauses.

Die Großnichte von Paul Felgentraeger, die familien-historisch sehr interessiert ist, begann die Familiengeschichte aufzuarbeiten. Nachforschungen in Archiven, im Holocaust-Archiv, in Breslau und in anderen Nachforschungsstellen brachten jedoch keine neuen Hinweise. Dr. Edelgard Schacht kannte ihre Großtante nur aus Erzählungen ihrer Großmutter, die als junge Frau um 1930 bei Emma Felgentraeger Kochunterricht genommen hatte. Besonders die Eintopfrezepte, die Rote Grütze aus roten Beeten und ihr unvergleichlicher Roggenmehlpudding sind in der Familie noch immer beliebt.

Breslau 1930, Schlossportal

Die magere Graupensuppe,
Breslau um 1936

200 g Graupen,
1 Bund Suppengrün
(1 Möhre, 1/4 Sellerie, 1 Zwiebel, 1 Stange Porree, 1/2 Kohlrabi),
1,5 l Knochenbrühe aus Schweineknochen,
50 g Fett (in guten Zeiten Butter),
Salz,
1 Sträußchen Petersilie

Das Breslauer Rathaus am Ring,
nicht weit von der Wohnung der Familie Felgentraeger

Graupen gründlich waschen und im kalten Wasser ansetzen, dann bissfest garen. Stehen lassen. Das Suppengrün gründlich waschen und putzen, dann in 1-2 cm große Stücke schneiden. Das Gemüse in kaltem Wasser ansetzen, so dass es vom Wasser gerade bedeckt ist, zum Kochen bringen, dann die Energiezufuhr abstellen, den Topf fest verschlossen halten, während alles ca. 30 Minuten zieht. Dann die Butter und die Brühe zugeben, nochmals aufkochen und weitere 15 Minuten alles ziehen lassen. Zum Schluss die gegarten Graupen unter kaltem Wasser abspülen und unter die anderen Zutaten geben, alles schön verrühren und mit Salz und gehackter Petersilie vollenden.

Süße Möhrensuppe
nach Breslauer Art

1 kg frische Möhren,
1 l Wasser, 1 Prise Salz,
40 g Sago (gekörnte Stärke),
3 EL Zucker,
1 Zitrone

Die Möhren schälen, abwaschen und raspeln. Salzwasser zum Kochen bringen. Die Möhrenraspeln darin fast zerkochen lassen (ca. 10 Minuten Kochzeit). Das Sago hinzugeben und alles weitere 10 Minuten kochen. Jetzt erst Zucker und ein paar Spritzer Zitronensaft hinzugeben.

Die rohe Kartoffelsuppe - »schnelle Zudelsuppe«,
Breslau um 1936

500 g Kartoffeln,
1 1/2 l Gemüsebrühe (Instant),
50 g Butter, 1 Zwiebel,
1 EL Petersilie, feingehackt,
Salz

Die geschälten und abgewaschenen Kartoffeln werden gerieben. Die Gemüsebrühe in einem Topf zum Kochen bringen. Die Kartoffelmasse hineinrühren, noch einmal kräftig aufkochen lassen. Mit Salz abschmecken. Die Zwiebel schälen, in kleine Würfel schneiden und in der Butter anbräunen. Zusammen mit der gehackten Petersilie vor dem Anrichten über die Suppe geben.

Tipp:
Sie können die Gemüsebrühe auch aus frischen Zutaten herstellen. Dafür 1 Möhre, 1 Kohlrabi, 1 Stange Porree und 1 Stück Sellerie putzen, weich kochen und durch ein Sieb passieren.

Breslauer Bahnhof um 1930

Emmas Rote Grütze aus roten Rüben

500 g rote Rüben,
1 l Wasser,
abgeriebene Schale und Saft von 1 Zitrone,
100 g Sago,
100 g Zucker

Die roten Rüben säubern, schälen, reiben, mit Wasser und der abgeriebenen Zitronen-
schale zusammen in einen Topf geben und 15 Minuten köcheln lassen. Durch ein Haarsieb gießen, mit Zucker abschmecken und das Sago dazugeben. Alles eine gute Stunde
stehen lassen, damit das Sago gut quellen kann. Dann den Zitronensaft dazugeben und
alles noch einmal abschmecken. Die Grütze jetzt in eine kalt ausgespülte Porzellanschüssel geben und kalt stellen. Am anderen Tag ist diese fruchtige Geleespeise portionsfähig,
allerdings nicht schnittfest. Wenn man diese Grütze stürzen möchte, muss man den Anteil
an Sago erhöhen.
Zum Übergießen dieses Desserts bereitet man eine Vanillesoße aus Milch, Zucker und Va-
nillesoßenpulver zu.

Roggenmehlpudding -
Breslau um 1935

1 Ei, trennen,
125 g Zucker,
Salz nach Belieben (empfohlen 1 Prise),
Saft einer Zitrone,
350 g Roggenmehl (aus dem Reformhaus),
1 Päckchen Backpulver,
125 g Quark,
1/4 l Milch,
1 TL Grieß, Butter zum Ausfetten der Form

Eigelb, Zucker und Gewürze schaumig rühren. Dann das Roggenmehl mit Backpulver vermischt dazugeben. Den Quark durch ein Küchensieb streichen und mit der Milch verrühren. Den Quark mit dem Mehl und allen anderen Zutaten zu einem geschmeidigen Teig rühren. Zuletzt das fest geschlagene Eiklar darunter heben, aber vorsichtig, damit der Teig nicht zusammenfällt. Die Form (Gugelhupfform) ausfetten und mit dem Grieß bestreuen. Den Teig in die Guglhupfform geben und 2 Stunden in einen mit Wasser gefüllten Bräter bei einer Temperatur um 180 Grad in die Röhre stellen. Zum Roggenmehlpudding gibt es Vanillesoße.

Die Kochbücher der Familie Jauer – Breslau 1878-1934

Großmutter Meta Jauer, geborene König (1843-1934)

$\mathcal{D}$ie eigentliche Heimat der seit 1956 in Erfurt ansässigen ehemaligen Berufsschullehrerin Erna Jauer ist das schlesische Breslau. Ihre Vorfahren stammen aus Jauer, wo ihr Ur-Ur-Großvater ein angesehener Bauernmöbelmaler gewesen ist. Er setzte die berufliche Tradition seiner Vorfahren fort, die u.a. die Inneneinrichtung der Jauer Friedenskirche in altschlesischer Weise bemalt hatten.

Erna Jauers Großvater, Erich Jauer (1835-1927), besaß eine kleine Kneipe, wo die Großmutter Meta (1843-1934) ihre echt schlesische Küche für die Gäste kochte.

Meta Jauer begann mit dem Schreiben der Familienkochbücher. Sie ahnte nicht, dass sie damit eine Familientradition schuf: Von Tochter zu Tochter wurden die Bücher weitergegeben. Bis heute hält sich diese Tradition.

Breslau um 1934: Blick auf die Jahrhunderthalle.
Hier ging die Familie am Sonntag sehr gerne spazieren.

Die Mutter von Erna Jauer, Edelgard Jauer (1877-1912), schrieb an den Büchern nicht mit. Sie konnte nicht kochen, weil sie seit der Geburt an einer starken Sehschwäche litt. Sie starb bei der Geburt von Erna Jauer 1912 in einem Breslauer Krankenhaus. Ihren Vater hat Erna Jauer nicht kennengelernt. Sie wuchs bei ihrer Großmutter auf und lernte das Kochen. Bis 1927 lebte und arbeitete Erna in der Familie der Großeltern mit. Die kleine Gaststätte »Zum Stern« warf einen bescheidenen Lebensunterhalt für die drei Jauers ab. Nach dem Tod des Großvaters 1930 zog die Großmutter mit ihrer 18jährigen Enkeltochter in die Großstadt Breslau und arbeitete als Küchenhilfe in einem Krankenhaus, nicht weit von der beliebten Jahrhunderthalle. Die Enkelin lernte Stenotypistin und war bis 1943 in Breslau tätig.
1935 fuhr die junge Frau zur Kur, wo sie den Pfleger Herbert Stamm kennen lernte. Im Dezember 1936 kam die gemeinsame Tochter Elfriede auf die Welt. Dann musste Herbert Stamm in den Krieg ziehen. Auf Wunsch ihres Bräutigams übersiedelte Erna Jauer mit der Tochter im Sommer 1943 zu Verwandten von Herbert in die Nähe von Berlin, weil dieser seine Lieben in der Obhut seiner Familie haben wollte. Das Leben zu dritt blieb ein Traum – Herbert Stamm fiel 1945 bei Berlin.
Die mittlerweile zwölf Familienkochbücher befinden sich nun schon wieder im Besitz von Erna Jauers Tochter Elfriede in Halle. Eins davon schickte mir Erna Jauer für dieses Buch. Es enthält vor allem deftige schlesische Gerichte.

Hasenbraten mit Stampfkartoffeln

Hasenbraten:
1 Hasenrücken, gespickt mit Speck, Salz,
125 g Schweineschmalz,
1/4 l saure Sahne, 4 EL Semmelmehl,
1 Zwiebel, 2 Möhren,
3 Pfefferkörner, 1 Lorbeerblatt,
4 Wacholderbeeren, 1 Nelke,
1/2 Teelöffel Majoran,
1/4 l Fleischbrühe, 20 g Speisestärke
1/8 l Rotwein, herb.

Hasenrücken mit Salz einreiben und in zerlassenem Fett anbraten, dabei schön mit dem Fett beträufeln. Sahne mit Semmelmehl verrühren und auf den Braten streichen. Zwiebel und Möhren, beides grob gehackt, zum Braten geben. Alle Gewürze um den Braten legen und diesen ca. 45 Minuten in der Ofenröhre bei Mittelhitze braten lassen. Hasenrücken herausnehmen und warm stellen.
Bratenansatz mit der Brühe loskochen und durch ein Sieb geben. Die Stärke im Rotwein verquirlen und unter Aufkochen unter die Soße gießen.
Dazu gab es bei Familie Jauer die in Schlesien so beliebten Stampfkartoffeln.
Es schmecken aber auch allerlei Arten von Klößen dazu.

Stampfkartoffeln (Kartoffelbrei):
1 kg Kartoffeln, 1/4 l Milch,
1 Zwiebel,
100 g Räucherspeck,
Salz und Pfeffer, 1 Prise Muskat

Kartoffeln in der Schale kochen und sofort pellen. Grob zerstampfen und mit der kochendheißen Milch vermengen. Speck und Zwiebel feinwürflig schneiden und anbraten und unter die Kartoffelmasse geben. Mit Salz, Pfeffer und Muskat würzen.

Die Breslauer Jahrhunderthalle

Ernas Allerlei-Topf -
liebevoll im Erbtopf gekocht

*Der Erbtopf ist über 130 Jahre alt. In diesem Topf wurde immer der beliebte »Allerlei-Topf«
gekocht. Auch der Topf wird wie das Kochbuch wahrscheinlich von Erna Jauer an ihre
Tochter Elfriede weitergegeben. Dann soll er der Enkeltochter Britta gehören, auch wenn
sie noch immer »kein Freund vom Kochen« ist und mit ihrem Verlobten lieber zum Italiener
um die Ecke essen geht.*

500 g Schweinefleisch,
100 g magerer Räucherspeck,
1 kg Kartoffeln, 750 g Sauerkraut,
200 g Knackwurst, mit viel Knoblauchgeschmack,
2 süßsaure Äpfel, Salz und Pfeffer

Schweinefleisch in kleine Würfel schneiden. Speck würfeln und im Topf anbraten, das Fleisch dazugeben und zugedeckt anbraten lassen. Die Kartoffeln schälen und in Scheiben schneiden, dann in kaltes Wasser legen.

Immer schön das Fleisch umrühren und dann das Sauerkraut dazugeben. Die in Scheiben geschnittene Wurst dazu und die Kartoffelscheiben darüber legen. Dann die Äpfel schälen und vom Kerngehäuse befreien, in Scheiben schneiden und dazugeben.

Mit Salz und Pfeffer würzen und alles eine gute Stunde bei geschlossenem Deckel in der Backröhre garen lassen.

Schweinefleisch mit Birnen

500 g Schweinefleisch,
1 Zwiebel,
1 Lorbeerblatt, 2 Nelken, Salz, 3 Pfefferkörner,
1 kg Birnen, 1 EL Weizenmehl,
Zucker und Zitronensaft nach Geschmack

Schweinefleisch waschen, mit Wasser bedeckt ansetzen, zum Kochen bringen und ab und zu abschäumen.

Die halbierte Zwiebel, Lorbeerblatt, Nelken, Salz und Pfefferkörner dazugeben, das Fleisch weich kochen und herausnehmen. Brühe durch ein Sieb geben. Birnen schälen, halbieren, das Kerngehäuse herausschneiden, die Birnenhälften in der Fleischbrühe zum Kochen bringen. Die Brühe mit dem in kaltem Wasser angerührten Weizenmehl binden und noch einmal aufkochen. (Das ist wichtig, damit sich der Mehlgeschmack nicht mehr so bemerkbar macht.)

Mit Salz, Zucker und Zitronensaft abschmecken und noch einmal durchkochen. Die Birnenhälften und das in Scheiben geschnittene Schweinefleisch mit dieser köstlichen Soße bedeckt zusammen mit Kartoffelklößen servieren.

Einige handschriftliche Kochbücher weisen auch auf Gerichte dieser Art hin, die mit Hammel oder Lammfleisch gekocht werden. Auch verwenden findige Schlesier statt Zucker Honig, was natürlich viel gesünder ist.

Die Linsensuppe
der Edelgard Jauer

Wie bereits geschrieben war Edelgard Jauer stark sehbehindert, schätzte aber die Küche ihrer Mutter. Um 1900 aß Edelgard Jauer in einer Gaststätte in der Breslauer Wilhelmstraße nahe der Königsbrücke eine sehr wohlschmeckende Linsensuppe. Die Mutter musste diese Suppe solange nach dem Geschmack der Tochter nachkochen, bis sie zufrieden war. Sie hatte einen Freund, Eduard Herder, der Bauingineur war und sich später einen Namen beim Bau der Breslauer Jahrhunderthalle machte. Er animierte den Kantinenkoch der Baugesellschaft solange, bis dieser die schlesische Linsensuppe perfekt kochen konnte. Er war auch nach dem frühen Tod der Edelgard Jauer noch lange Gast der Familie Jauer. Fast 78jährig starb er 1944 bei Kampfhandlungen.

400 g Linsen,
1 Bund Suppengrün,
100 g Speck, fett,
2 mittlere Zwiebeln,
50 g Mehl,
Essig, Zucker, Salz,
500 g Rotwurst

Linsen auslesen und einen Tag vorher einweichen. Suppengrün (Möhre, Sellerie, Porree) putzen und in haselnussgroße Stücke schneiden und zusammen mit den Linsen im Einweichwasser weichkochen.
Speck und Zwiebeln richtig ausbraten und mit dem Mehl bestäuben, richtig durchschwitzen und diese Einbrenne an die Suppe geben. Mit Essig, Salz und Zucker abschmecken. Wurst in Würfelchen schneiden und in der Suppe heiß werden lassen.

Manche Leser vermissen vielleicht die Kartoffelstückchen. Doch in keinem der 32 mir vorliegenden, handgeschriebenen schlesischen Familienkochbüchern steht diese Linsensuppe mit Kartoffelstückchen.

Das Degenkolb-Familienkochbuch - Trebnitz 1900-1967

Breslauer Hotelküche Monopol um 1920.
Ella Degenkolb steht hinter dem Koch am Hackklotz.

*D*as dicke Kochbuch, von dem hier die Rede ist, bewahrt die Geschichte einer ganzen Familie, vor allem aber die der Frauen. Begonnen hat das Buch Alwine Degenkolb, geborene Flechsig (1876-1931). Sie wuchs auf dem Bauernhof ihrer Eltern auf, nicht weit von Trebnitz, einer kleinen Stadt nördlich von Breslau, heute polnisch Trzebnica.

Alwine Flechsig verstand sich sehr gut auf die Kunst der kalten Küche, aber auch auf die typischen deftigen schlesischen Spezialitäten, weshalb sie als Köchin in den Gaststätten und Hotels in Breslau und Umgebung sehr gefragt war. So arbeitete sie als Erste Kaltmamsell im Hotel »Krone« und um 1900 im Hotel »Zum Hirsch« in Breslau.

1905 heiratete Alwine Flechsig den Bahnangestellten August Degenkolb (1869-1942). Als die Ehe kinderlos blieb, adoptierten sie die kleine Ella, ein elternloses Mädchen aus

Hofszene in Trebnitz um 1930
bei Verwandten von Alwine Degenkolb

dem Waisenhaus. Ella Degenkolb (1900-1952), die wie ihre Adoptivmutter Köchin wurde und in verschiedenen Gaststätten in Breslau arbeitete, führte das Familienkochbuch weiter. Auch ihre 1920 in Breslau geborene Tochter Meta setzte die Familientradition fort und absolvierte im Hotel »Vier Jahreszeiten« in Breslau eine Lehre als Köchin. Viel Berufs-erfahrung konnte sie in Schlesien nicht mehr sammeln, denn 1946 verschlugen die Kriegswirren sie und ihre Mutter ins vogtländische Oelsnitz. Ella Degenkolb erholte sich nicht wieder von den Strapazen der Flucht, sie siechte noch einige Jahre dahin, auf-opferungsvoll gepflegt von ihrer Tochter Meta.

Als Meta nach den schweren Zeiten des Krieges und der Flucht zur Ruhe gekommen war, fand sie auch die Muße das Familienkochbuch weiterzuführen. Ihr ging es vor allem darum, die Gerichte, die Großmutter und Mutter so oft gekocht hatten, zu erhalten. Meta Degenkolb probierte und kochte nach der Erinnerung, veränderte Zutaten, bis sie den ty-pischen Geschmack der Küche ihrer Kindheit wiedergefunden hatte. Sie hielt die Rezep-te in dem dicken Kochbuch fest und bewahrte sich damit ein Stück der eigenen Vergan-genheit, denn die Erinnerung an ihre Heimat ist noch heute allgegenwärtig.

Trebnitzer Täubchenbrühe
von Alwine Degenkolb

Dieses Gericht war eines der bekanntesten von Alwine Degenkolb. Sie kochte es vor allem, wenn jemand in der Familie krank war.

1 Taube, frisch geschlachtet und gut gewaschen,
Salz,
2 Möhren,
1 Selleriekopf,
2 Zwiebeln,
1 Stange Lauch,
2 Lorbeerblätter,
5 Pimentkörner
5 schwarze Pfefferkörner,
2 Eier,
1 EL Semmelmehl

Die Taube in 2 Liter leicht gesalzenem, kaltem Wasser ansetzen und langsam zum Kochen bringen. Dann die geschälten Möhren, den geschälten und geviertelten Sellerie und den in Ringe geschnittenen Lauch dazugeben. Die Zwiebeln schälen und in einer Pfanne ohne Fett anrösten, sie sollten sehr dunkel sein. An die Brühe geben und alles mit den Gewürzen noch eine gute Stunde köcheln lassen.
Die Taube an den Keulen eindrücken. Wenn das Fleisch gar ist, das Täubchen herausnehmen und entbeinen. Die Brühe durch ein Haarsieb geben und aufheben.
Das Fleisch in feine Würfel schneiden. Die Möhren, den Lauch und den Sellerie ebenfalls fein würfeln. Die Eier aufschlagen und verquirlen, mit dem Semmelmehl verrühren. Die Fleisch- und die Gemüsewürfel in die Brühe geben und alles zum Kochen bringen. Das Semmelmehl-Eier-Gemisch am Faden in die leicht köchelnde Suppe geben. Eventuell noch mal nachsalzen und mit gehackter Petersilie bestreut servieren.

Kümmelkotelett mit Ofenkartoffeln
von Alwine Degenkolb

Dieses leckere Gericht kam mir beim Durchlesen des Degenkolb-Kochbuches bekannt vor und ich erinnerte mich an die 1982 verstorbene Köchin »Mutter Friedel«, die ich als junger Koch 1976 kennengelernt hatte. Ich arbeitete damals in einem Ferienheim bei Oberhof im Thüringer Wald. Dort bot man dieses Gericht als Thüringer Spezialität an. Gekocht wurde es jedoch von einer echten Schlesierin – der alten Ferienheimköchin »Mutter Friedel«, die ursprünglich aus Breslau stammte.

Kümmelsoße:
2 EL Kümmel,
3/4 l Fleischbrühe, 40 g gute Butter,
1 Zwiebel, 40 g Weizenmehl, Salz

Den Kümmel in der Brühe langsam köcheln lassen, mindestens 1 Stunde. Die Zwiebel pellen, abwaschen und feinwürfig schneiden. Die Butter schmelzen lassen, die Zwiebelwürfel glasig anschwitzen und das Mehl darüber stäuben. Die Butter und das Mehl müssen sich gut verbinden. Die Kümmelbrühe durchsieben und damit die Mehlschwitze auffüllen. Noch einmal aufkochen lassen und dann mit Salz abschmecken.

Kümmelkoteletts:
4 Koteletts vom Schwein, Salz und Pfeffer nach Geschmack,
Weizenmehl zum Mehlieren der Koteletts,
50 g Schweineschmalz, 1 Zwiebel, kleinwürfig geschnitten,
100 ml dunkles Bier,
Kümmelsoße (siehe obiges Rezept)

Die Koteletts mit Salz und Pfeffer würzen und mehlieren. Im heißen Schmalz goldbraun braten, aus der Pfanne nehmen und warm stellen. Im Schmalz die Zwiebelwürfel andünsten und mit dem Bier aufgießen. Das Bier vollständig einkochen lassen und mit der Kümmelsoße auffüllen. Die Koteletts zurück in die Soße geben und noch einmal 15 Minuten bei ganz kleiner Flamme durchziehen lassen. Mit der Soße und den Ofenkartoffeln servieren.

In Schlesien hieß das dunkle Bier »Schöps«. Es war sehr gehaltvoll und kräftig. Meta Degenkolb musste sich im Vogtländischen erst daran gewöhnen, dass »Schöps« hierzulande Schaffleisch ist.

Schlesische Ofenkartoffeln

Pro Person 250 g kleine Frühjahrskartoffeln waschen, dann mit der Schale bissfest kochen. Herausnehmen und auf einem gefetteten Backblech bei 200 Grad 15 Minuten backen. Diese Kartoffeln werden mit der Schale verzehrt.

Schlesische Mohnbuchteln
von Ella Degenkolb

Teig:
400 g Weizenmehl,
1 Würfel frische Hefe oder 1 Päckchen Trockenhefe,
2 EL Honig,
150 ml Milch,
50 g Margarine,
1 Ei,
1 Prise Salz

Füllung:
1/8 l Milch,
125 g gemahlener Mohn,
4 EL Honig,
1 Ei,
1 TL Speisestärke

Weizenmehl in eine große Schüssel geben, in die Mitte eine Mulde drücken. Hefe mit Honig und lauwarmer Milch verrühren, in die Mulde geben und 1/2 Stunde zugedeckt an einem warmen Ort gehen lassen. Margarine zerlassen, Ei und Salz dazugeben und alles gut mit dem Vorteig verkneten. Nochmals 1/2 Stunde gehen lassen.
Für die Füllung die Milch aufkochen, Mohn und Stärke einstreuen, Herd abschalten und 1/4 Stunde gehen lassen. Honig dazugeben und gut verrühren, abkühlen lassen und das Ei dazugeben. Den Teig ausrollen und in 12 Quadrate aufteilen, ausschneiden, die Mohnmasse darauf verteilen und die Quadrate zu Kugeln formen. Eine Auflaufform fetten und die Kugeln dicht hintereinander setzen. Mit verquirltem Ei bestreichen und bei 200 Grad 40 Minuten backen.

Möhrenlebkuchen nach Breslauer Art
von Ella Degenkolb

Teig:
250 g Rübensirup, 100 g Zucker,
5 g Zimt,
1 Prise gemahlene Nelken, 20 g Kakao,
2 Spritzer Zitronenaroma,
250 g Möhren, fein gerieben,
500 g Weizenmehl,
1 Päckchen Backpulver (mit Mehl vermischen),
100 g Zitronat, 30 g Orangeat,
100 g Feigen,
50 g gehackte Mandeln,
100 g Korinthen

Belag:
einige abgezogene, halbierte Mandeln

Guss:
100 g Puderzucker, 2 EL Zitronensaft,
2 EL heißes Wasser

Sirup und Zucker miteinander zum Kochen bringen. Vom Feuer nehmen und gemahlene Nelken, Kakao und Zitronenaroma dazugeben. Die geriebenen Möhren zufügen und das mit Backpulver vermischte Mehl. Zum Schluss alle anderen Zutaten hinzugeben.
Den Teig 1 1/2 cm stark auf ein gefettetes Blech streichen. Mit einem spitzen Messer den Teig vor dem Backen in Rechtecke teilen. Die Rechtecke mit den Mandeln belegen, dann die Möhrenlebkuchen 30 Minuten bei Mittelhitze backen.
Alle Zutaten für den Guss miteinander verrühren. Den noch warmen Kuchen mit dem Zitronenguss bestreichen.

Schlesische Sesambrötchen

500 g Weizenmehl, günstiger ist Vollkornmehl,
1 Würfel frische Hefe oder 1 Päckchen Trockenhefe,
300 ml lauwarmes Wasser,
1 EL Honig,
1 TL Salz, 2 Eier,
2 EL Pflanzenöl, am günstigsten ist Olivenöl,
100 g Sesamkörner, leicht angeröstet,
Milch zum Bestreichen der Brötchen

Mehl und Hefe in eine Schüssel geben und mit Wasser und Honig verrühren. 30 Minuten gehen lassen. Die restlichen Zutaten und die eine Hälfte des Sesams gut miteinander verkneten. Zu einer Kugel formen und 45 Minuten an einem warmen Ort gehen lassen. Acht gleich große Brötchen formen und auf ein mit Backpapier ausgelegtes Backblech geben. Mit der lauwarmen Milch bestreichen und mit den übrigen Sesamkörnern bestreuen. Nochmals 30 Minuten gehen lassen und im vorgeheizten Backofen bei 200 Grad etwa 15 Minuten backen.

Schlesische Zimtsterne

4 Eiweiß, 250 g Puderzucker,
1 Päckchen Vanillezucker, 2 Msp. Zimt,
300 g gehackte Mandeln

Den sehr steif geschlagenen Eischnee mit Puderzucker und Vanillezucker verrühren. 4 Esslöffel davon zum Bestreichen abnehmen. Unter die übrige Masse den Zimt und die gehackten Mandeln rühren. Dann den Teig 1/2 cm stark ausrollen, Sterne ausstechen und diese mit dem vorher abgenommenen Eiweiß-Zucker-Gemisch bestreichen. Dann die Sternchen auf ein gefettetes Blech legen und bei 50 Grad etwa 30 Minuten im Backofen trocknen.

Meta Degenkolb erinnerte sich, dass ein Händler nahe der Jahrhunderthalle in der Weihnachtszeit diese Zimtsternchen anbot. Sie fuhr in ihrer Kinder- und Jugendzeit deshalb immer zur Jahrhunderthalle oder ins Hauptgeschäft des Händlers am Scheitniger Stern, nahe der Kaiserstraße. Die Mutter liebte dieses Gebäck sehr und um der vom Heimweh Geplagten eine Freude zu machen, buk Meta Degenkolb es sogar einmal im Sommer 1951.

Heinrich Gersdorff - der Kloß-Heinrich aus Sagan

Gruppenbild aus Warschau 1915:
Heinrich Gersdorff (fünfter von rechts in der hintersten Reihe)

*D*ie Geschichte der Familie Gersdorff lässt sich bis ins 17. Jahrhundert zurückverfolgen. In ganz Deutschland leben Nachkommen der Familie. Einer der berühmtesten Gersdorffs ist der ehemalige General Christoph Freiherr von Gersdorff, der 1943 in Berlin an einem leider missglückten Bombenattentat auf Hitler beteiligt war. Die Verwandtschaft erfuhr jedoch erst nach Ende des Zweiten Weltkrieges von dieser Aktion. Freiherr von Gersdorff starb 1980 in München.

Auf ganz andere Weise erlangte Heinrich Gersdorff (1881-1956) eine gewisse Berühmtheit in der Familie, aber auch in Sagan und bei allen, die je seine Kochkunst erleben durften.

Von 1897 bis 1900 erlernte Heinrich Gersdorff in Breslau im bekannten Savoy-Hotel den Beruf eines Kochs. Der stille, gutherzige Junge war allgemein beliebt.

1915 wurde Heinrich Gersdorff eingezogen, er überlebte den Krieg und arbeitete danach in einem Hotel am Obermarkt in Görlitz. Als er später nach Breslau zurückkehrte, rissen sich die Küchenchefs förmlich um ihn. Er kochte sich einfach in die Herzen der Menschen. Besonders gerühmt wurden seine Kloßrezepte.

Zwei durchlittene Weltkriege machten den Koch Heinrich Gersdorff zunehmend zum Gesellschaftskritiker. Der Tod 1956 in Gießen war für ihn eine Art Befreiung. Seit mehreren Jahren an Kehlkopfkrebs leidend lebte er nur noch für seine Familie – die Großnichte Erna und ihren Lebensgefährten Reinhold Schmidt, auch ehemaliger Schlesier.

Beide Männer legten ein großes schlesisches Heimatarchiv an, das heute noch besteht. Erna Gersdorff pflegt und vervollständigt liebevoll dieses Vermächtnis ihres Großonkels. Sie bewahrt auch seine handgeschriebene Rezeptsammlung auf, die durch ihre Klarheit und die sehr schöne Handschrift beeindruckt. Die Rezepte beginnen mit der Lehrzeit von Heinrich Gersdorff und reichen bis zu bäuerlichen Speisen in Sagan von 1946.

Kartoffelsuppe nach Art des Savoy-Hotels Breslau um 1900

Die berühmte Kartoffelsuppe aus dem Savoy-Hotel musste Heinrich Gersdorff im Ersten Weltkrieg während seiner Zeit als Koch beim deutschen Generalgouvernement in Warschau sehr oft kochen.

1 kg mageres Rindfleisch,
2 kg Kartoffeln,
1 Kopf Sellerie, 2 große Zwiebeln,
3 frische Tomaten,
Salz und Pfeffer nach Geschmack,
4 hartgekochte Eier,
kleine Krebsschwänze,
gehackte Küchenkräuter (2 EL Petersilie, 1 EL Dill, 1 EL Kerbel)

Das Rindfleisch, die geschälten Kartoffeln, den Sellerie und die Tomaten in einen hohen Topf geben, mit kaltem Wasser bedecken, würzen und zum Kochen bringen. Solange kochen, bis das Gemüse zerfällt und das Fleisch gar ist. Das Fleisch in feine Würfel geschnitten wieder an die nun sämige Suppe geben. Dann die in Würfel geschnittenen Eier, die Krebsschwänzchen und die feingehackten Kräuter dazugeben.

Heinrich Gersdorff wohnte während seiner Lehrzeit nahe der Schweidnitzer Straße, der berühmten Breslauer Geschäftsstraße. Er war liebevoll von der Familie eines Savoy-Hotel-Portiers aufgenommen worden, die den kleinen Saganer Jungen gerne hatte. Zunächst wurde er im Hotel als Küchenjunge eingesetzt und musste sehr viel Gemüse putzen. Oft schaute er den Köchen bei der Arbeit zu.

Breslauer Kartoffelklöße
um 1900

Diese Klöße musste der junge Koch Gersdorff immer zubereiten, wenn er ein paar Tage zu Hause in Sagan war. Auch die Saganer Gastwirte schätzten den jungen Mann und ließen ihn gern kochen. Vor allem die Klöße. Dafür bekam er ein paar zusätzliche Taler.
Der junge Gersdorff hatte sich die Kloßrezepte geduldig von einem alten erfahrenen Savoy-Hotelkoch abgeschaut, der seine Rezepte nur ungern weitergab. Aber das Danziger Goldwasser, das Heinrich Gersdorff großzügig ausschenkte, half die Zunge zu lockern...

2 kg Kartoffeln,
Salz, etwas Weizenmehl,
2 Eier,
1 Brötchen,
20 g Butter

Die Hälfte der Kartoffeln schälen, in kaltes Wasser reiben. Dann in einem sauberen Leintuch auspressen, das Wasser auffangen und die sich absetzende Stärke wieder an die ausgepressten Kartoffeln geben, dann die Eier und das Salz dazugeben. Die andere Hälfte der Kartoffeln schälen und zum Kochen bringen, dann abgießen und durch eine Presse geben, alles mit den anderen Kartoffeln vermengen. Das Brötchen in Würfel schneiden und in der Butter anbraten, dann zu der Kartoffelmasse geben und alles gut vermengen. Klöße formen und im siedenden Salzwasser garziehen.

Schweidnitzerstrasse.

Die Schweidnitzer Straße -
eine beliebte Einkaufsstraße in Breslau um 1900

Neue Börse.

Breslau um 1900

Der junge Gersdorff bekam nachfolgendes Kloßrezept von einer Kochfrau namens Anna Reifert, die in einer Gaststätte in der Nähe des Saganer Schlosses arbeitete. Auch Heinrich Gersdorff half hier manchmal in der Küche aus und lernte dadurch Anna Reifert kennen. Zu seinem Dienstantritt im Breslauer Savoy-Hotel kochte der junge Kochgehilfe Heinrich Gersdorff diese Klöße das erste Mal. Sogar der zweite Küchenchef namens Maletzky war des Lobes voll.

Saganer Semmelklöße vor 1897

4 Brötchen (nur altbackene verwenden),
2 gehäufte EL Weizenmehl,
Salz nach Belieben,
50 g Semmelmehl,
60 g Butter, 3 Eier

Die Brötchen in kaltem Wasser einweichen und ausdrücken. Durch den Fleischwolf drehen. Mit Salz, Weizenmehl und Semmelmehl vermengen. Die Butter zerlassen und den Teig darin abbrennen, es entsteht dann ein richtiger Kloß. Nach und nach die Eier in die heiße Masse geben, den Teig ausquellen lassen. Einen Topf mit Salzwasser zum Köcheln bringen. Mit zwei Esslöffeln, welche man immer wieder in Wasser taucht, längliche Klößchen abstechen und in den Topf geben. Die Klößchen müssen etwa 15 Minuten garziehen. Mit der Schaumkelle herausnehmen, gut abtropfen lassen und servieren.

Breslauer Mehlklöße - 1910

Diese Spezialität stammt ebenfalls aus dem Saganer Gebiet. Erna Gersdorff meinte dazu, dass diese Klöße noch heute gern bei ihnen gegessen werden. Oft mit einer Obstsoße z.B. aus Pflaumen (gekochte Pflaumen mit viel Zucker, dann mit etwas Stärkemehl gebunden).

Sagan um 1924

1/4 l Milch,
40 g Butter,
150 g Weizenmehl,
1 Prise Salz, 1 Prise Zucker,
5 Eier, bitte trennen, das Eiklar steif schlagen,
Salz für das Kochwasser
1 sauberes Leintuch

Die Milch mit der Hälfte der Butter aufkochen, dann das Mehl, das Salz und den Zucker hinzugeben. Solange rühren, bis sich die Masse vom Topfboden hebt. Nach dem Erkalten nach und nach die Eigelb an die Masse geben. Am Ende das steifgeschlagene Eiklar darunter ziehen.

Salzwasser ansetzen. Wenn das Wasser im Topf leicht sprudelt, das Leintuch hineintauchen, auswringen und bereitlegen. Das Tuch mit der restlichen Butter bestreichen und den Teig darauf legen. Das Tuch nicht zu dicht über dem Teig zusammenbinden, damit sich dieser im Wasserdampf gut ausdehnen kann. Das Tuch in das sprudelnde Salzwasser legen und eine gute Stunde lang garen. Dann den Teig herausnehmen und in Scheiben schneiden.

Breslauer Karpfen -
Sagan um 1945

Der inzwischen 65jährige Heinrich Gersdorff hatte sich mit seiner Familie auf einem Bauernhof bei Sagan eingemietet. Er bezahlte keine Miete, sondern half der Bäuerin in ihrer großen Küche und fuhr den Pferdewagen, wenn der Bauer unterwegs war. Die Lieblingsspeise des Bauern war eben dieser Karpfen und der alte Gersdorff brauchte immer ungewöhnlich viel Rotwein für die Soße. Da der alte Koch es meisterlich verstand, diese Spezialität herzustellen, sah man ihm den »Weinverbrauch« immer nach.

1 großer Karpfen, mindestens 2 bis 3 kg (lebend),
4 EL Essig,
Salz nach Belieben,
1 Bund Suppengrün
(1 Möhre, 1/4 Kopf Sellerie, 1 Stange Porree),
1 Zwiebel,
125 g Butter,
1 Flasche Bier, am günstigsten ist ein dunkles Bier,
Gewürzmischung
(2 Lorbeerblätter, 4 Pimentkörner, 4 Pfefferkörner),
100 g Pfefferkuchen,
1 EL Zucker,
1 EL Zitronensaft,
100 ml Rotwein (kräftig im Geschmack)

Den Karpfen schlachten und das Blut sorgfältig auffangen, in 4 Portionsstücke schneiden und gut auswaschen. Das Karpfenblut mit 2 EL Essig verrühren. Die Karpfenstücke trockentupfen und salzen.

Das Suppengrün und die Zwiebel in feine Streifen schneiden, in 30 Gramm Butter andünsten und mit dem Bier ablöschen. Die Lorbeerblätter, Pimentkörner und Pfefferkörner zugeben, alles muss jetzt eine gute viertel Stunde köcheln.

Die Karpfenstücke für 20 Minuten in diesen würzigen Sud geben. In dieser Zeit den Pfefferkuchen reiben und in 2 EL Essig quellen lassen, dann in den Karpfenkochfond geben. Die Karpfenstücke herausnehmen und warm stellen. Die übrige Butter, den Rotwein, Zucker und Zitronensaft dazugeben und alles noch einmal aufkochen lassen. Alles durch ein Sieb geben und die Karpfenstücke wieder in die Soße geben.

Dazu gab es oft Stampfkartoffeln.

Sagan um 1924

Heinrich Gersdorff bei der Feldarbeit
im Mai 1946

Steckrübensuppe

1 kg Steckrüben (auch Wruken genannt),
1/2 l Hühnerbrühe,
1 Ei,
200 ml Schlagsahne,
Salz und Pfeffer nach Belieben,
300 g Blutwurst in Scheiben,
Bratfett,
etwas gehackte Petersilie

Die Rüben schälen, in Würfel schneiden und in der Brühe weich kochen. Dann durch ein Küchensieb streichen (oder heute mit dem Passierstab glattrühren). Eigelb mit der Sahne verrühren und in die Suppe geben, nicht mehr aufkochen!
Die Blutwurstscheiben im Tiegel braten, den Bratfond mit in die Suppe geben. Blutwurstscheiben in tiefe Teller legen und darüber die Suppe füllen. Mit gehackter Petersilie bestreuen.

Das Familienkochbuch der Jelinecks aus Bunzlau um 1900

Das Stadtwappen von Bunzlau,
angefertigt von Gustav Freidrich um 1935

Elfriede Jelineck, die letzte Überlebende der Familie, ist stolz auf ihre schlesische Heimat Bunzlau, heute polnisch Boleslawiec: »Auch wenn unser Name sich tschechisch anhört, wir sind Schlesier!«

Auf die Herkunft der Familie weist der tschechisch klingende Name Jelineck hin. Der Urgroßvater Emil Jelineck (1834-1911) kam 1878 aus Prag in das aufstrebende Bunzlau, wo er zusammen mit seiner Tochter Auguste (1859-1941) die kleine Speisewirtschaft »Zum Krug« eröffnete. Da er wusste, wieviel Wert die Schlesier auf ihre Küche legen, kam in Emil Jelinecks Gasthaus nur echt Schlesisches auf den Tisch. Die Einnahmen der kleinen Wirtschaft reichten gerade zum Überleben der Familie, zu der noch die uneheliche Toch-

Der Gastwirt Emil Jelineck

ter von Auguste zählte – Clara Wilhelmine (1882-1969). Als Emil Jelineck aus gesund-heitlichen Gründen um 1900 nicht mehr in der Wirtschaft helfen konnte, führten Auguste und Wilhelmine Jelineck das Geschäft allein weiter. Ihr Vater begann in dieser Zeit das Fa-milienkochbuch zu schreiben.

Emil Jelineck lernte seine Urenkelin nicht mehr kennen, 1911 starb er. Elfriede Jelineck, die 1923 geboren ist, erinnert sich aber noch genau an den nach einem Rezept des Ur-großvaters gebackenen Weihnachtsbaumbehang. Elfriedes Mutter Clara und Großmutter Auguste betrieben die kleine Gaststätte noch bis 1934.

Nach der Schulzeit begann Elfriede Jelineck am Lehrerbildungsinstitut zu lernen. Doch sie kam nicht mehr dazu, den Beruf auszuüben. 1943 verkauften Clara und Elfriede Je-lineck das Haus und zogen zu weitläufigen Verwandten nach Nürnberg. Später zogen sie weiter nach Erlangen in das Haus von Elfriedes zukünftigen Schwiegereltern. Der Krieg zerstörte nicht nur die berufliche Zukunft von Elfriede, sondern auch die Hoffnung auf künftiges Familienglück – ihr Bräutigam Adolf Gutmann fiel 1944 in der damaligen Sowjetunion. Lange galt er als vermisst, erst 1987 wurde sein Grab gefunden.

Obwohl Elfriede Jelineck erst 20 Jahre alt war, als sie Schlesien verließ, hängt sie doch mit allen Fasern ihres Herzens am Land ihrer Kindheit. 1998 besuchte sie ihr Bunzlau und die völlig zugewachsenen Gräber des Urgroßvaters und der Großmutter. Ihr Haus fand sie nicht mehr, aber die Glasfachschule, wo sie ihre erste Liebe traf. Geblieben sind ihr auch die Erinnerungen und das alte Kochbuch mit den Rezepten ihres Urgroßvaters.

Jelinecks Weihnachtsbaumbehang

500 g Weizenmehl,
1 Päckchen Backpulver,
2 Päckchen Vanillezucker,
2 Eier, 8 EL Milch,
10 g Zimt,
1 Msp. gemahlene Nelken

Guss:
Zitronenguss aus 150 g Puderzucker,
2 EL Zitronensaft und 1 EL zerlassenem Kokosfett

Belag:
Buntzucker und Schokoladenstreusel

Mehl und Backpulver mischen und auf ein Holzbackbrett sieben. In die Mitte eine Vertiefung drücken, Zucker, Vanillezucker, Eier, Milch und die Geschmackszutaten in die Mulde geben. Alles vermengen und zu einem Kloß kneten. Den Teig 3 mm dünn ausrollen. Mit einer Form Kringel ausstechen und diese auf ein gefettetes Backblech geben. Bei 180 Grad 10 bis 15 Minuten backen.

Nach dem Backen die noch warmen Kringel mit Zitronenguss bestreichen und mit Buntzucker und Schokoladenstreuseln bestreuen.

Heldendenkmal in Bunzlau um 1930

Boberwiesenbad in Bunzlau um 1930

Bunzlauer Mandelgebäck
um 1930

(nach Rezepten des Vaters
aufgeschrieben von Auguste Jelineck)

200 g Zucker,
100 g Möhren,
3 g Zimt,
3 g gemahlene Nelken,
3 g Muskatpulver,
1 TL Zitronensaft,
1 Päckchen Vanillezucker,
1/2 Päckchen Backpulver,
300 g Weizenmehl,
100 g Mandeln, fein gehackt,
100 g Feigen, fein geschnitten,
1 Ei, 2 EL Milch,
einige halbierte Mandeln zum Belegen

Den Zucker in einem Topf erhitzen, bis er flüssig ist. In dem flüssigen Zucker die fein geriebenen Möhren erhitzen, die Gewürze dazugeben. Nach dem Erkalten das Ei hinzugeben.

Das mit dem Backpulver vermischte Mehl auf ein Holzbackbrett geben, eine Vertiefung hineindrücken und die erkaltete Zucker-Möhren-Masse hineingeben. Darüber die mit den Feigen vermischten Mandeln streuen. Alles zu einer Teigkugel verarbeiten. Den Teig einen halben Zentimeter dick ausrollen. Das Ei mit der Milch verquirlen. Formen ausstechen und mit Eiermilch bestreichen, mit halben Mandeln belegen. Bei Mittelhitze 10 bis 15 Minuten hellbraun backen.

Bunzlauer Reisauflauf
mit Erdbeersoße

250 g Rundkornreis,
1 l Wasser,
2 Eier,
4 EL Honig,
200 g Quark,
abgeriebene Schale einer gut abgewaschenen Zitrone,
1 Prise Salz,
10 Weinbeeren,
2 EL gehackte Nüsse,
1 Päckchen Vanillezucker

Soße:
250 g Erdbeeren,
1 EL Vollzucker,
Saft einer Orange

Reis waschen, in leicht gesalzenem Wasser ca. 40 Minuten kochen, abgießen und ab-kühlen lassen. Die Eier trennen. Eigelb mit Honig schaumig rühren. Quark, Zitronen-schale, Salz, Weinbeeren, Nüsse und Vanillezucker untermischen. Das steif geschlagene Eiklar unterarbeiten. Den Reis unterheben und alles in eine feuerfeste Form geben. Bei 200 Grad ca. 40 Minuten backen lassen. Fertig gebackenen Auflauf zum Servieren in Scheiben schneiden.
Für die Soße die Erdbeeren pürieren, mit Zucker und Orangensaft abschmecken. Über die Auflaufscheiben gießen. Bei Bedarf mit Schlagsahnetupfer garnieren.

Hausrezepte von Frieda Karsch
aus Bunzlau

Frieda Karsch (1891-1974) als 23jährige in ihrer Liegnitzer Stellung
als 1. Hausdame bei Geheimrat Joh. Faust

*A*uf der Buchmesse 2001 in Leipzig unterhielt ich mich mit der hochbetagten Frau Dr. Graetz. Sie erzählte mir die Lebensgeschichte ihrer Patentante Frieda Karsch, geb. Luther, die ab 1930 bei ihrem Großvater, dem bekannten und wohlhabenden Bunzlauer Kaufmann Graetz, Haushälterin gewesen war und der Familie bis zu ihrem Tod immer sehr nahe gestanden hatte.

Alter Turnverein in Liegnitz

Frieda Karsch wurde 1891 als achtes und jüngstes Kind des Stadtbediensteten August Luther in Danzig geboren. Ihre sieben Brüder kamen alle im Ersten Weltkrieg um, so dass die Tochter zur einzigen Stütze des Vaters wurde. Sie lernte in Danzig und Stettin an mehreren Hauswirtschaftsschulen und -instituten einen gutbürgerlichen Haushalt mit mehreren Angestellten zu führen. Hier begann sie 1906 ihr regionales Handkochbuch, für das sie bei schlesischen Lehrerinnen in Speisen- und Rezeptkunde reichlich Anregung fand. Als beste Absolventin der Hauswirtschaftsakademie in Stettin posierte sie zum Jahreswechsel 1914/1915 auf einer Postkarte, die sie an Bekannte und Verwandte verschickte und verschenkte. In Danzig lernte sie den Bildhauer Karsch kennen und heiratete ihn 1928 in Bunzlau. Die Ehe war nur von kurzer Dauer. Danach widmete sie sich voll und ganz dem Haushalt der Familie Graetz.

Dr. Otti Graetz hatte neben Frieda Karsch den Liegnitzer Sauerkrautfabrikanten Ernst Hermann Schönstetter, einen weitläufigen Verwandten der Mutter, als Paten. Die mütterliche Fürsorge ergänzte er durch teure Goldschmuck-Geschenke, die den beiden Frauen 1944 das Leben retteten. Ein Fuhrunternehmer brachte sie dafür mit all ihrem Hab und Gut zu einem Verwandten in die Nähe von Leipzig.

Sehr gern erinnert sich Frau Dr. Graetz an die schlesische Küche ihrer Patentante, und da sie selbst, wie sie lachend bemerkt, in der Küche zwei linke Hände habe, sei es bei dieser Erinnerung geblieben.

Apfelkrapfen nach Frau Müller
(Lehrerin aus Breslau) 1910

500 g Weizenmehl,
100 g Zucker,
1/8 l lauwarme Milch,
1 Würfel frische Hefe oder 1 Päckchen Trockenhefe,
75 g Margarine,
2 Eier,
300 g säuerliche Äpfel,
50 g Sultaninen,
Frittierfett/ Öl zum Ausbacken in der Fritteuse,
200 g Zucker zum Bestreuen

Mehl und Zucker in eine Schüssel geben, in die Mitte eine Vertiefung drücken. In die Mulde die in lauwarmer Milch angerührte Hefe geben. 15 Minuten gehen lassen. Die Margarine zerlassen und zusammen mit den Eiern an den Teig geben. Alles kneten und nochmals eine halbe Stunde an einem warmen Ort gehen lassen. Dann die geschälten, gewürfelten Äpfel und die Sultaninen unter den Teig heben. Nochmals 15 Minuten gehen lassen. Mit Hilfe von zwei Esslöffeln kleine Krapfen von der Masse abstechen, im auf 180 Grad erhitzten Öl abstreichen und darin schwimmend in 4 Minuten ausbacken. Die heißen Krapfen sofort im Zucker wälzen!

Restauration zum Schützenhaus

Gartenanlage

Gast- u. Billardzimmer

Tanzsaal

Schützenhaus-Patschkau

Schützenhaus Patschkau um 1924

Schlesische Birnentorte nach Frau Grothe (Lehrerin aus Steinau) 1912

100 g Weizenmehl, 50 g Speisestärke,
1 Eigelb,
50 g Zucker, 75 g Butter,
1 kg saftige, reife Birnen,
50 g fein gehackte Walnusskerne,
2 EL Birnengeist

Mehl und Speisestärke miteinander mischen. Eigelb, Zucker und Butter dazugeben und alles miteinander verkneten. Den Teig kalt stellen. Birnen schälen, halbieren, entkernen und fächerartig schneiden, mit Zitronensaft beträufeln.
Den Teig ausrollen und in eine Springform drücken, mit der Gabel Löcher in den Teigboden stechen. Die Birnenfächer einlegen und in die Zwischenräume die Walnusskerne legen. In die vorgeheizte Röhre stellen und bei 180 Grad 45 Minuten backen. Den warmen Kuchen mit dem Birnengeist bestreichen.

Patschkauer Knoblauchsuppe
von 1920

Um 1920 arbeitete Frieda Karsch kurze Zeit im Schützenhaus in Patschkau, heute polnisch Paczkow. Von hier stammt das deftige Suppenrezept.

2 große Zwiebeln,
1 Knoblauchzwiebel,
2 EL Olivenöl,
1/2 l Gemüsebrühe,
500 ml Schlagsahne,
250 g geriebener Schnittkäse,
1 Bund fein geschnittener Schnittlauch,
Salz und weißer Pfeffer nach Geschmack

Die Zwiebeln und die Knoblauchzehen schälen und feinwürflig schneiden. Miteinander vermischen. Öl in einem Topf erhitzen und das Gemisch darin glasig schwitzen. Brühe und Sahne dazugeben und alles 15 Minuten köcheln.
Die Suppe durch ein Sieb geben und nochmals 15 Minuten kochen lassen, mit Salz und Pfeffer abschmecken. Den Grill im Herd anschalten und die Suppe in Teller füllen, den Käse verteilen und die Teller in den Herdgrill stellen. Sobald der Käse goldgelb ist, die Suppe mit Schnittlauchröllchen bestreut servieren.

Der Koch Johannes Schramm
(1882-1949)

Familienausflug zum Memmelstein 1915
Johannes Schramm (ganz rechts).

$\mathcal{F}$amilie Ruderich aus Gera lernte ich 1983 kennen. Herr Ruderich hatte von meinem ungewöhnlichen Hobby, nämlich Familienrezepte und deren Ursprünge zu sammeln, gehört. Er erzählte mir eine typisch deutsche Familiengeschichte.

Sein Großvater, Johannes Schramm, wurde 1882 als einziger Sohn des Ortspolizisten Gustav Schramm in Cottbus geboren. Auf Fürsprache eines Verwandten bekam er eine Lehrstelle im angesehenen Berliner Hotel Adlon, wo er die größten Köche des damaligen

Deutschland kennen lernte. Nach erfolgreichem Gesellenabschluss versuchte er in verschiedenen guten Berliner Hotels als Jungkoch unterzukommen. Doch die Zeit nach dem Ersten Weltkrieg war schwierig. Der Vater hatte nicht das Geld, den Sohn weltmännisch einzukleiden, damit er sich bei den Hoteldirektoren hätte vorstellen können. So ging er ab 1906 auf Wanderschaft. Wechselnde Arbeitsstellen führten ihn von Cottbus über zahlreiche Stationen (Zoblitz, Löbau, Görlitz, Rothenburg, Niesky, Grottkau) schließlich 1924 als Wirt nach Löwenberg (heute polnisch Lwowek Slaski) in die Gaststätte »Zum Burgkeller«, die wegen ihrer schlesischen Speisen sehr beliebt war.

In Cottbus hatte er die hübsche Büroangestellte Elfriede Frommhold kennen gelernt und 1913 geheiratet. Nach ihrem Tod musste er sich um seine behinderte Tochter Hildegard (1927-1948) kümmern. Mit ihr und seiner ersten Tochter Maria Ruderich (1924-1991) geht er 1945 zunächst nach Breslau, später zu Verwandten seiner Frau nach Berlin. Niemand will den ernsten und gramgebeugten Mann einstellen; nach dem Tod der Tochter Hildegard nimmt er sich das Leben.

Der Sohn von Maria Ruderich freut sich, seinem Großvater, den er nicht mehr kennen lernte, im schlesischen Familienkochbuch ein Denkmal zu setzen, indem er mir das Material zur Verfügung stellt. In den Dorfgaststätten der ehemals zu Schlesien gehörenden Lausitz hatte Johannes Schramm sich die Zubereitung typisch schlesischer Spezialitäten angeeignet und in einem dicken Buch aufgezeichnet. Es enthält neben Rezepten, die in den anderen Familienkochbüchern auch zu finden sind, einige kaum bekannte, von denen ich vier im Folgenden vorstelle.

Zoblitz um 1915

Leber
nach Zoblitzer Art -
um 1915

500 g frische, grüne Gurke,
4 Knoblauchzehen,
Salz und Pfeffer nach Geschmack
(in das Mehl geben),
1 TL Salbei,
getrocknet und kleingeschnitten,
125 g Schlagsahne,
4 Scheiben Schweineleber
(insgesamt 600 g),
2 EL Weizenmehl,
2 EL Margarine,
4 EL Weißwein, trocken

Gurke waschen, schälen und in Scheiben schneiden. Leber waschen und im Mehl wälzen. Margarine erhitzen, die in Scheiben geschnittenen Knoblauchzehen dazugeben und die Leberscheiben darin goldgelb braten, von jeder Seite 4 Minuten. In eine Auflaufform legen und mit dem Weißwein beträufeln. Im Bratfond der Leber die Schlagsahne und den kleingehackten Salbei durchkochen und die Gurkenscheiben dazugeben. Alles gut durchkochen lassen und auf die Leber geben. Alles in der Backröhre bei 150 Grad 5 Minuten durchziehen lassen. Dazu schmeckt frisch getoastetes Weißbrot sehr gut.

Zoblitzer Quarkauflauf

3 Eier,
250 g Quark, 200 g Puderzucker,
1 Päckchen Vanillezucker,
2 EL Eierlikör,
500 g süße Äpfel,
100 g Mandeln,
in Scheiben schneiden und anrösten,
100 g Erdbeeren, kleinschneiden

Die Eier trennen. Eigelb mit Puderzucker schaumig rühren, Quark, Vanillezucker und Eierlikör dazugeben. Das Eiklar solange schlagen, bis es fest ist. Unter die Eigelb-Quarkmasse heben. Die Äpfel schälen und das Kerngehäuse entfernen. Die Äpfel in hauchdünne Scheiben schneiden und auf hitzebeständige große, flache Teller legen.
Die Quarkmasse darauf verteilen. Im vorgeheizten Backofen bei 250 Grad 8 Minuten überbacken. Mit den angerösteten Mandelscheiben und den kleingeschnittenen Erdbeeren garnieren.

Fischfilet auf Sauerkraut

4 Fischfilets à 150 g,
2 säuerliche Äpfel,
2 Zwiebeln, 2 EL Butter,
1 kg Sauerkraut,
1 Lorbeerblatt,
12 Wacholderbeeren,
1 EL Zitronensaft,
1/8 l Brühe, 1 EL Zucker,
1/8 l Weißwein

Äpfel und Zwiebel schälen und kleinschneiden, in der Butter andünsten. Das Sauerkraut dazugeben und die Gewürze. Dann die Brühe und den Weißwein zufügen. Alles gut durchdünsten. Die Fischfilets waschen, salzen und mit Zitronensaft beträufeln. Das Sauerkraut in eine gefettete Auflaufform geben und das Fischfilet darüber verteilen. 15 Minuten bei 200 °C Ober- und Unterhitze garen. Dazu schmecken Stampfkartoffeln.

Schlesische
Krauttaschen

500 g Sauerkraut,
1 Apfel,
200 g Weizenmehl,
2 Eier, 3 EL Wasser,
10 g Butter,
1 Prise Salz,
Schmalz zum Braten der Teigtaschen

Das Sauerkraut bissfest kochen und mit dem geriebenen Apfel vermischen. Mehl, Eigelb, Wasser und Butter verkneten. Der Teig darf nicht mehr am Brett kleben. Dünn ausrollen und in kleine Quadrate teilen. Die eine Quadrathälfte mit Sauerkraut belegen und die Ränder mit dem geschlagenen Eiklar bestreichen. Teighälften darüber klappen und mit einer Gabel andrücken. Für 10 Minuten in siedendes Wasser geben und nach dem Abtropfen in heißem Schmalz anbraten. Zu den Sauerkrauttaschen eine Tomatensoße reichen.

Das Riesengebirge und die Legenden vom Berggeist Rübezahl

Rübezahl -
Schutzgeist der armen Leute

*Z*u den bekanntesten Gegenden Schlesiens gehört das Riesengebirge, ein 37 km langer Gebirgskamm entlang der schlesisch-böhmischen Grenze. Die höchste Erhebung ist die Schneekoppe mit 1603 m.

Spricht man vom Riesengebirge, darf man die Sagengestalt Rübezahl nicht vergessen. Viele ehemalige Schlesier, mit denen ich während meiner Recherchen zum Familienkochbuch sprach, sehen ihn als Berggeist, der in vielerlei Gestalt den Armen half und mit den Reichen bösartigen Schabernack trieb. In den Herzen der Schlesier lebt er als Schutzgeist weiter, untrennbar mit dem Riesengebirge verbunden. Dort liegt sein Reich.

Carl Hauptmann (1858-1922), weniger bekannter Bruder des Dichters Gerhart Hauptmann, sagt zwar in seinem »Rübezahl-Buch« von 1915, dass niemand weiß, »warum der unheimliche Zauberunhold Rübezahl heißt«: »*Das Geheimnis um Rübezahl ist alt wie die moosigen, grünspiegelnden Felsen, die in die feuchten Gebirgsschluchten hängen. [...] Nämlich Rübezahl ist selber alt wie die Steine. Vermutlich so alt wie die Riesenwoge aus Granit, die schon in Urzeiten zwischen Böhmen und Schlesien ausrollte und zum Riesengebirge erstarrte. Und erst der wird uns das Geheimnis um Rübezahl wirklich lösen, der uns sagte, wann die ersten Wasser von den Bergen zu Tale rauschten.*«

Doch weniger vorsichtig, aber ebenso poetisch erzählt der schlesische Heimatdichter Hermann Gebhardt (1889-1959) die Sage von der Entstehung des Namens. Rübezahl verliebt sich in die hübsche, junge Prinzessin Emma und entführt sie in sein Zauberreich. Um das aufgeweckte Mädchen bei Laune zu halten, verwandelt er Rüben in Spielgefährtinnen. Da diese aber schnell runzlig werden, muss er ständig für Nachschub sorgen. Eines Tages bittet ihn die Prinzessin, doch einmal nachzuschauen, wieviel Rüben es noch auf dem Feld gebe. Der Geist tut ihr den Gefallen. Die Rüben zu zählen »*war freilich keine leichte Arbeit, denn sie standen sehr unregelmäßig nebeneinander. Immer wieder verzählte er sich und musste von vorne beginnen. Als er sämtliche Rüben zum drittenmal sorgsam durchgezählt hatte, waren viele Stunden vergangen. Es waren genau siebenhundertachtundzwanzigtausendfünfhundertzweiundsechzig Rüben. Glückstrahlend kehrte er in den Palast zurück,* um Emma das Ergebnis zu melden.*«

Doch die listige Prinzessin war inzwischen geflohen. Schnell sprach sich herum, dass der Alte von einem Mädchen überlistet worden war, und so nannte man ihn Rübenzähler oder Rübezahl.

Dem lebendigen Volksglauben an die Sagengestalt gibt Gebhardt in romantisierender Rückschau in seinem bekannten Gedicht Ausdruck.

Hermann Gebhardt

Rübezahl

Den Geist der Berge hab' ich gut gekannt.
Ich traf ihn oft auf seinen Wanderwegen
und sah ihn gern mit spielerischer Hand
auf Hang und Hütten Wolkenschatten legen.

Ich lauschte seinem Donnerzorn am Kamm
und hörte ihn vergnügt im Knieholz pfeifen.
Ich sah ihn polternd eilen durch die Klamm
und mit der Sturmfaust nach den Bäumen greifen.

Oft hat er seinen Blitz nach mir gezückt,
zum Spaße nur, dem Übermut zu drohen;
doch hat er je und je mich tief beglückt,
wenn Lebensmut und Freude mir entflohen.

Traf mich ein Schmerz, hing er mir geisterstumm
im Dämmer einer kühlen Abendstunde
den weichen grauen Wolkenmantel um,
und wie ein Kind vergaß ich Weh und Wunde.

Von seinem Garten bin ich lange fort,
doch denk' ich gerne seiner tollen Schwänke.
Schlug mich zuweilen auch sein grobes Wort,
gab seine Hand doch goldene Geschenke.

Hermann Gebhardt

DAS GEBIRGE
DES SELTSAMEN
HERRN

Novellen

Adam Kraft Verlag

Titelblatt der 1957 erschienenen Buchausgabe
von Hermann Gebhardts bekannten Rübezahl-Novellen

Spezialitäten
aus dem Riesengebirge
von Wanderkoch Paul Jacob
(1876-1943)

Das Stadtwappen von Hirschberg
(angefertigt von Gustav Freidrich um 1935)

$\mathcal{A}$uch Hertha Wunderlich (1915-2002), ge-
borene Jacob, liebte das Riesengebirge. Als ich sie in Bad Brambach besuchte, fand ich
die Wände ihrer kleinen gemütlichen Wohnung voller Bilder mit Motiven des Gebirges.
In ihrem noch immer perfekten schlesischen Dialekt erzählte sie mir ihre Familiengeschichte.

Der Ursprung der Familie Jacob liegt im brandenburgischen Preußen. Aus beruflichen
Gründen kam der Berliner Bergbauspezialist Richard Robert (1808-1889) um 1830 nach
Hirschberg, um in der hiesigen Kohlengrube zu arbeiten. Als er Emilie Weimann (1812-
1881) kennen lernte, die im Hause der Familie Henckel von Donnersmark als zweite
Schlossköchin arbeitete, blieb er im schlesischen Hirschberg »hängen«. 1838 heirateten
die jungen Leute.

Sohn Eduard Robert, 1845 geboren, trat in die beruflichen Fußstapfen seiner Mutter und
lernte bis 1865 im Hotel »Goldener Frieden« in Ober-Krummhübel den Beruf eines
Kochs.

Er heiratete in das gut eingeführte Familienhotel Jacob ein und nahm den bekannten
Namen bei der Heirat an. Auch sein Sohn Paul Jacob – wie konnte es anders sein – trat
1897 in Breslau eine Kochlehrstelle an. Sein erster Arbeitsplatz war das Hotel »Goldener
Frieden« in Ober-Krummhübel, wo sich schon der Vater erste Sporen verdient hatte.

Als nach einem Unfall des Vaters das kleine Familienhotel aufgegeben werden musste,
zog Paul Jacob als »Wanderkoch« durchs Riesengebirge – von Baude zu Baude. Er heiratete gleich nach Kriegsbeginn, 1915 wurden Zwillinge geboren, die beiden Töchter Elise
und Hertha.

Aus dem Krieg zurückgekehrt, nahm Paul Jacob seine Wanderkochtätigkeit wieder auf.
Bis 1938 war der mittlerweile sehr begehrte Koch im Riesengebirge unterwegs. Im Laufe
dieser Wanderjahre entstand auch sein handgeschriebenes Kochbuch.

Beide Töchter blieben ledig, denn der Zweite Weltkrieg verhinderte eine Heirat. Die Eltern
starben rasch hintereinander 1943.

1944 konnten beide Jacob-Töchter durch einen glücklichen Umstand Schlesien verlassen
und in Halle bei Verwandten Fuß fassen. Ihnen blieben die traurigen Ereignisse, die viele
Schlesier durchmachen mussten, erspart. Während Elise Jacob 1947 an den Folgen einer
Lungenentzündung verstarb, heiratete Hertha Jacob 1950 den aus russischer Kriegsge-
fangenschaft heimgekehrten Kurt Wunderlich aus Chemnitz. Sie führte mit ihm bis zu seinem Tod 1986 eine glückliche Ehe.

Hertha Wunderlich bedauerte sehr, dass sie nicht mehr gemeinsam mit ihrem Mann ihre
schlesische Heimat besuchen konnte. Das handgeschriebene Wanderkochbuch ihres
Vaters hat mittlerweile einen würdigen Platz in meinem Archiv der Familienkochbücher
gefunden.

Eduard Robert, später Jacob, 1845-1928

Hirschberger Bierfleisch

*1,5 kg Wildschweinkeule, ausgelöst, 3 Zwiebeln, 100 g Schmalz,
3 Scheiben Graubrot, getrocknet und gerieben,
4 zerdrückte Knoblauchzehen, 1/2 l dunkles Bier,
gemahlener Kümmel, Salz und Pfeffer nach Geschmack*

Beilage:
*1,5 kg festkochende Kartoffeln, 2 Zwiebeln,
50 g Schmalz, 1 Bund Petersilie*

Wildschweinfleisch in haselnussgroße Würfel schneiden. Zwiebel in kleine Würfel schneiden, in einem breiten Topf die Zwiebelwürfel in Schmalz anschwitzen, das Fleisch dazugeben und kräftig anbraten. Geriebenes Graubrot mitrösten. Würzen mit Salz, Pfeffer, Kümmel und den zerdrückten Knoblauchzehen. Mit dem Bier ablöschen und das Fleisch darin 40 Minuten zugedeckt garen lassen.
Kartoffeln schälen, abspülen und in 1 cm große Würfel schneiden. Petersilie hacken. Kartoffelwürfel kurz im Salzwasser aufkochen, abtrocknen. Schmalz in einer Pfanne auslassen, Zwiebelwürfel anschwitzen, die Kartoffelwürfel zufügen und braun braten. Mit Salz, Pfeffer und gehackter Petersilie vollenden.

Hirschrückensteaks
mit Zwiebelmus überbacken

4 Hirschrückensteaks, ausgelöst und entfettet,
4 Knoblauchzehen, pellen und in Scheiben schneiden,
Salz und Pfeffer,
12 zerdrückte Wacholderbeeren,
50 ml Öl zum Braten,
40 g Butter,
4 große Zwiebeln, in Streifen schneiden,
40 g Mehl,
100 ml Schlagsahne,
100 ml Fleischbrühe (auch Instant),
1 Eigelb,
100 g Semmelmehl

Die Hirschrückensteaks zuerst mit Salz, Pfeffer, Knoblauch und den zerdrückten Wacholderbeeren würzen. Dann das Fleisch im erhitzten Öl in einer Pfanne halbrosa braten, warm stellen.

Butter im Bratensatz zerlassen und die Zwiebelstreifen dazugeben und richtig durchschwitzen. Mit Mehl bestäuben und mit Sahne und der Brühe auffüllen. Zu einem dicklichen Brei einkochen und dann durch ein Sieb streichen, das Eigelb und das Semmelmehl unterkneten. Die Steaks auf eine Platte geben und mit der Masse einstreichen, so das alles bedeckt ist. Im vorgeheizten Grill bei 250 Grad überbacken.

Rehkeule
nach Schlesierhaus-Art

1 Rehkeule, hohl ausgelöst und entfettet,
Salz und Pfeffer, zerstoßene Wacholderbeeren

Füllung:
1 Zwiebel, fein gewürfelt,
50 g Butter,
50 ml Schlagsahne,
4 Brötchen, fein gewürfelt,
1 Apfel, schälen, entkernen und fein würfeln,
20 Stück Rosinen, einweichen,
1 Ei,
1 TL gehackte Petersilie,
Majoran, Salbei, Thymian

Zwiebelwürfel in Butter glasig schwitzen, die Sahne dazugeben und dick kochen lassen. Die Brötchenwürfel, die Apfelwürfel, die Rosinen, das Ei und die gehackte Petersilie sowie je eine Prise Majoran, Thymian und Salbei in eine Schüssel geben und gut vermengen. Die Zwiebel-Sahne-Masse darüber geben und gut vermengen.
Die Rehkeule mit kaltem Wasser ausspülen und trockentupfen, dann mit Wacholderbeeren, Salz und Pfeffer kräftig innen und außen einreiben. Die Füllung hineindrücken und mit einem Küchenbindfaden die gefüllte Rehkeule wie ein Paket fest verschnüren. Im vorgeheizten Backofen bei 160 Grad 70 Minuten lang garen.
Die Rehkeule am Tisch zerteilen.

RIESENGEBIRGE. Ober-Krummhübel mit Koppe. Im Vordergrunde –
Hotel goldener Frieden

Ober-Krummhübel um 1920

Hirschberg um 1930

Die Arbeitsstelle Paul Jacobs 1929: die Schneegrubenbaude

Schlesische Honigcreme

Dieses köstliche Dessert ist nicht nur im Wanderkochbuch von Paul Jacob zu finden, sondern auch in vielen anderen handgeschriebenen schlesischen Familienkochbüchern.

60 g Zucker,
100 g Honig, am besten Waldhonig,
Öl zum Ausstreichen der Förmchen,
1 Ei, 40 g feine Speisestärke,
1/2 l Milch, 1/2 TL Vanillezucker

Familienfeier bei Familie Jacob in Hirschberg um 1920

50 g Zucker in einem kleinen Topf schmelzen lassen und den Honig dazugeben. Einen Esslöffel Wasser dazu und alles gut durchkochen lassen. Den Boden der Förmchen (oder Kaffeetassen) mit dem Öl einpinseln. Die Honig-Zucker-Masse in die Förmchen füllen, ca. 1/2 cm hoch. Den Rest der Masse aufheben.

Das Ei trennen. Eigelb und Stärke in 1/8 l Milch anrühren. Den Rest der Milch mit dem übrigen Zucker und dem Vanillezucker zum Kochen bringen. Die angerührte Stärke in die kochende Milch geben und alles ganz kurz aufkochen lassen. Beiseite stellen. Das Eiweiß zu steifem Schnee schlagen und unter die aufgekochte Milch heben. Die Creme in die Förmchen füllen und erkalten lassen.

Die Förmchen kurz ins heiße Wasser stellen und die Honigcreme auf flache Teller stürzen, die restliche Honig-Zucker-Masse darauf geben.

Hertha Wunderlich hat die Honigcreme oft zubereitet, vor allem ihre Gäste damit überrascht. Ganz wichtig für das Gelingen der Creme ist der verwendete Honig.
Sie selbst bevorzugte immer den Waldhonig mit seinem feinen Aroma, den sie auch nur direkt von ihrem Imker bezog.

Geschmorte Rehkeule
mit Backpflaumen

1 Rehkeule, entbeint, ohne Knochen und entfettet,
20 Backpflaumen,
50 g Speck,
80 g Schmalz,
100 g Zwiebeln,
1 Stange Porree,
1 Sellerieknolle,
1 Möhre,
40 g Mehl,
100 ml saure Sahne,
Salz und Pfeffer nach Geschmack

Beize:
0,4 l Rotwein, trocken,
2 EL Essig,
1/2 l Wasser

Rehkeule 3 Tage vor dem Zubereiten in die Beize in einem hohen Topf einlegen. 1 Tag vor der Zubereitung die Backpflaumen in Wasser einweichen.

Am Kochtag die Keule aus der Beize nehmen und trockentupfen, dann im heißen Speck und Schmalz rundherum schön anbraten, damit sich eine braune Kruste bildet. Das Gemüse schälen und kleinschneiden, dann mit in den sich schon gebildeten Bratenfond geben. Die Keule in die Röhre geben und mindestens 60 Minuten bei 180 Grad Ober- und Unterhitze schmoren lassen, mit dem Bratenfond und der Beize immer wieder begießen.

Wenn die Keule gar ist, herausnehmen, in Alufolie einwickeln und in die ausgeschaltete Röhre legen. Das Soßengemüse durch ein Sieb streichen und an die Soße geben. Die Backpflaumen aus dem Wasser nehmen und der Soße zufügen, 5 Minuten mitkochen. Das Mehl in die saure Sahne rühren und damit die leicht köchelnde Soße binden, aufkochen lassen und mit Salz und Pfeffer abschmecken.

Peterbaude 1927: Arbeitsstelle von Paul Jacob

Die letzte Arbeitstätte von Paul Jacob: die neue schlesische Baude

Wildgerichte von Martha Weichler aus Grüssau

Martha und Gustav Weichler um 1900

$\mathcal{D}$ie Familie Weichler stammt aus dem Gebiet um Grüssau, heute polnisch Krzeszow, im Ziedertal des Riesengebirges, wo die Weichlers einen kleinen Bauernhof besaßen. Hier lernte die junge Apothekengehilfin Hildegard Weichler 1910 den Leutnant Edgar Friedrich Klug kennen. Anfangs wohnte das junge Paar bei Hildegards Eltern auf dem Bauernhof. 1914 zog die Familie nach Breslau, in die Nähe der Bernhardinkirche, weil der inzwischen zum Offizier beförderte Edgar Friedrich Klug dort eine Arbeit in der Reichswehrkommandantur zugewiesen bekam.

Die Mutter, Martha Weichler (1864-1932), schloss sich dem jungen Paar an, denn ihr Mann, Gustav Weichler (1866-1914), war bei Bauarbeiten vom Gerüst gefallen und verstorben. Marthas Schwester, die schon länger verheiratet war und mehrere Kinder hatte, übernahm mit ihrem Mann den kleinen Hof.

Martha Weichler fand in der Sorge um die junge Familie einen neuen Lebensinhalt. Sie kümmerte sich um den Haushalt und verwöhnte Schwiegersohn und Tochter mit ihrer echt schlesischen Küche. 1916 kam in Breslau Hildegard Klug auf die Welt, herzlich willkommen geheißen von ihrer Großmutter. Liebevoll betreute und erzog sie ihre Enkeltochter. 1929 fing die damals 13jährige Hildegard an, die Rezepte der Großmutter aufzuschreiben. Entstanden ist ein beeindruckendes Familienkochbuch, das viele gute Rezepte für Wildspezialitäten enthält.

Oft fuhr die Familie zu Besuch auf den Bauernhof in Grüssau. Der Vater Klug ging dann gern auf die Jagd und die Großmutter verstand es meisterlich, aus dem erlegten Wild köstliche Gerichte auf den Tisch zu bringen. Als Edgar Klug in Frankreich im Feld war, schrieb er oft, dass die Heeresköche das von ihm geschossene Wild nicht so gut verarbeiten könnten wie seine Schwiegermutter Martha Weichler.

Heute lebt Hildegard Merz mit ihrem Mann, den sie erst 1946 kennenlernte, und dessen Kindern in Gießen an der Lahn. Trotz ihrer 86 Jahre erinnert sie sich noch sehr gut an Grüssau und das von dort stammende Kirchenlied »Sei gegrüßt, Du Gnadenreiche«. Über all die Jahre hat sie das Familienkochbuch als Erinnerung an die Großmutter und die schlesische Heimat aufbewahrt.

Hasenbraten nach
Großmutters Art

1 Hasenrücken im Stück, 2 Hasenkeulen (zusammen etwa 1 kg),
1 l Buttermilch, Salz und Pfeffer,
10 Wacholderbeeren, 10 Pfefferkörner,
1 Prise Thymian, gehackt,
100 g Speck, fett,
50 g Butter, 1 EL Weizenmehl,
1/8 l saure Sahne

Den Rücken und die Keulen abspülen und trockentupfen. In Buttermilch einlegen und zugedeckt an einem kühlen Ort 2 Tage marinieren lassen. Am günstigsten ist es, dafür eine große Schüssel aus Porzellan zu verwenden. Das Hasenfleisch aus der Buttermilchbeize nehmen und abtupfen, nicht abspülen.

Die Wacholderbeeren und die Pfefferkörner zerstoßen und mit dem Pfeffer, Thymian und Salz zusammen mischen. Den Speck in lange, spitze Keile schneiden und auf einer Unter-tasse kalt stellen. (Es empfiehlt sich heute, die Speckstreifen für eine halbe Stunde in die Kühltruhe zu stellen.) Den Rücken mit dem Speck spicken. Die Butter in einem breiten Topf erhitzen und darin erst den Rücken rundherum schön braun anbraten, dann die Keu-len dazugeben. Das Fleisch bei mittlerer Hitze 1/2 Stunde braten, in der Zeit immer wie-der drehen. Die hier erforderliche Geduld lohnt sich, denn hier wird das Fundament für eine gute Soße gelegt!

Den Hasenrücken herausnehmen, in Alufolie einwickeln, denn das Rückenfleisch ist schneller gar als das Keulenfleisch. Die Gewürze jetzt hinzugeben und die Keulen zuge-deckt weitere 45 Minuten schmoren lassen, immer etwas Wasser zugießen. Die Keulen dann ebenfalls in Alufolie wickeln und zusammen mit dem Rücken am besten in der war-men Ofenröhre bei 50 Grad aufbewahren.

Den Soßenfond mit dem in der sauren Sahne angerührten Mehl binden, alles noch ein-mal gut durchkochen und wenn nötig mit Salz und Pfeffer abschmecken.

Den Rücken und die Hasenkeulen von den Knochen befreien und in Stücke schneiden. Die Soße durch ein Sieb streichen und über das Fleisch geben. Dazu gab es immer Preiselbeeren, Selleriesalat und Schlesische Mehlklöße.

Schlesische Mehlklöße

1/4 l Milch, 2 EL Butter,
dazu etwas Butter zum Bestreichen der Serviette,
1 Prise Salz,
150 g Weizenmehl,
6 Eier

Die Milch mit Butter und Salz aufkochen, dann das Mehl dazugeben. Die Masse solange unter Hitze rühren, bis sich ein Kloß vom Topfboden trennt. Etwas erkalten lassen. Die Eier einzeln trennen. Jedes Eigelb einzeln unter die Masse schlagen. Das Eiklar richtig steif schlagen und dann ebenfalls unter die Masse geben.

Einen großen Topf mit Salzwasser zum Kochen bringen. Eine saubere große Tischser-viette aus Leinen brühen, auswringen, auf dem Tisch ausbreiten und mit etwas Butter be-streichen. Den Teig im Klumpen auf die Serviette legen. Die Serviette großzügig zubinden, damit der Teig Platz hat sich auszudehnen. Den Mehlkloß 1 gute Stunde im leicht sie-denden Salzwasser leicht kochen lassen. Den Kloß in Scheiben geschnitten servieren.

Hasenjagd in Frankreich im November 1915:
Offiziere und Treiber präsentieren stolz die zur Strecke gebrachte Beute

Rebhühner
mit Linsengemüse um 1930

250 g Linsen,
100 g Porree, 150 g Möhren,
4 Gewürznelken, 1 Lorbeerblatt,
150 g Speck
4 Rebhühner à 200 g, ausgenommen,
2 Zwiebeln,
1/4 l Weißwein, trocken.
1/4 l Brühe (auch Instant),
100 g Crème fraîche,
Salz und weißer Pfeffer nach Geschmack

Linsen einen Tag zuvor in kaltem, klarem Wasser einweichen und quellen lassen. Porree und Möhren in feine Würfel schneiden. Nelken und Lorbeerblatt dazugeben und zusammen mit den Linsen im Einweichwasser bissfest garen. Vorsichtig salzen.

Breslau, Liebichshöhe um 1930

Rebhühner innen und außen mit Salz und Pfeffer einreiben und in Speckwürfeln anbraten. Die Zwiebelachtel dazugeben und die Rebhühner in der Backröhre bei 200 Grad eine gute halbe Stunde braten lassen. Dann erst den Weißwein und die Brühe dazugeben und die Rebhühner eine weitere halbe Stunde bei 175 Grad schmoren lassen. Den Schmorfond mit der Crème fraîche binden und durch ein Sieb passieren.
Auf die Teller zuerst die Linsen geben, dann die Soße und darauf die Rebhühner anrichten. Damit die Rebhühner schön knusprig sind, gibt man sie kurz vor dem Anrichten noch einmal unter den eingeschalteten Grill.

Hirschschulter
nach Weichlers Art

2 Zwiebeln,
2 Möhren,
1 Hirschschulter, ausgelöst und gerollt,
1 l Rotwein,
Salz und Pfeffer nach Geschmack,
1 EL Zucker,
6 EL Öl,
100 g Speck, fett,
100 g Champignons,
1 Apfel, kleinschneiden mit Schale und Kerngehäuse,
1 EL Tomatenmark,
1 EL Preiselbeergelee,
10 Wacholderbeeren,
2 Lorbeerblätter, 1 Zweig Thymian,
1/8 l Weinbrand,
4 TL Honig,
1 Orange, geschält und in Scheiben geschnitten,
1 EL Mehl

Zwiebeln und Möhren schälen, würfeln und zusammen mit der gerollten Hirschschulter in einen großen Topf geben, mit dem Rotwein begießen und gute 3 Tage zugedeckt an einem kühlen Ort stehen lassen.

Marinade durch ein Sieb geben und den Braten sorgfältig trockentupfen. Fleisch salzen und pfeffern. In einem hohen Bratentopf den Zucker karamellisieren lassen und mit etwas Rotweinmarinade ablöschen, dann das Öl dazugeben. Den Braten darauf geben und rundherum anbraten lassen. Den Braten herausnehmen und warm stellen.

In den Bratenfond Speck, Champignons, Apfel, sowie das Gemüse aus der Marinade geben. Tomatenmark, Wacholderbeeren, Thymian, Lorbeerblätter und Preiselbeergelee dazu und alles miteinander durchbraten. Mit Rotweinmarinade und Weinbrand aufgießen und das Fleisch wieder darauf legen. Jetzt im Backofen bei 180 Grad 1 Stunde schmoren lassen. Immer wieder drehen und auch das Fleisch mit dem Fond begießen.

Dann den Braten mit dem Honig bestreichen und mit den Orangenscheiben belegen und noch einmal für eine halbe Stunde in den Backofen geben. Dadurch bekommt der Braten eine leckere Kruste. Den Soßenfond durch ein Sieb gießen und mit dem in etwas Wasser angerührten Weizenmehl binden.

Hirschkeule nach Weichlers Art

1 Hirschkeule (ausreichend für 8 bis 12 Personen),
5 Knoblauchzehen,
1 Flasche Rotwein, möglichst trocken,
200 g Speck, fett, in große, dünne Scheiben schneiden,
40 g Butter,
1 große Zwiebel,
1 EL gehackte Petersilie,
2 Möhren,
1 Sellerieknolle, 2 kleine Tannenzweige,
5 Wacholderbeeren,
5 Pfefferkörner,
4 TL Preiselbeeren

Die Keule vorsichtig waschen und trockentupfen. Die Keule mit den Knoblauchzehen spicken. Dann die Keule in eine große Schüssel geben und mit dem Rotwein begießen. 2 Tage sollte die Keule im Kalten stehen und öfter gedreht werden. Aus dem Rotwein nehmen und abtupfen, in einem Bräter die Butter bräunen und die Keule darin rundherum braun anbraten.

Die grob geschnittene Zwiebel und das Gemüse dazugeben. Die zerdrückten Pfefferkörner und Wacholderbeeren ebenfalls dazugeben.

Den Bräter dann 3 Stunden bei 200 Grad in die Backröhre stellen, öfter etwas Wasser und Rotweinmarinade angießen und die Hirschkeule immer wieder drehen. Die Keule erst nach dem Braten salzen und im abgestellten Backofen warm halten. Den Bratenfond in einen kleineren Topf durch ein Sieb gießen.

Die Soße mit den kleingehackten Tannenzweigen und den Preiselbeeren noch einmal aufkochen.

Das Breslauer Stadttheater um 1930

Hähnchenbrust auf roten Nudeln

Dieses Gericht ist eine Überlieferung aus Grüssau und wurde oft im großelterlichen Haushalt gekocht. Besonders gern aß es Edgar Klug.

4 Hähnchenbrüste, Salz, Pfeffer,
1 EL Mehl (zum Bestäuben der Hähnchenbrüste), 2 EL Öl,
50 ml Weißwein, trocken, 1 Zwiebel, 100 ml Schlagsahne

Nudelteig:
100 g Rote Beete, gekocht und geschält, 1 Ei,
200 g Weizenmehl, 1 Prise Salz

Rote Beete fein würfeln, mit dem Ei pürieren, mit Mehl und Salz zu einem Teig verkneten. Zur Kugel formen und kaltstellen. Mit der Nudelmaschine dünne Nudeln rollen. In Salzwasser garen. Hühnerbrüste mit Mehl bestäuben, salzen und pfeffern. In Öl beidseitig anbraten und warm stellen, den Bratfond mit Weißwein ablöschen und die fein geschnittene Zwiebel dazugeben. Schlagsahne dazugeben und alles noch einmal verkochen. Auf den Tellern die roten Nudeln anrichten, die Hühnerbrustscheiben darauf anrichten und mit der Soße übergießen.

Der Breslauer Südpark um 1926

Wildschweinwurst im Glas -
Breslau um 1930

Diese Rezeptur hat eine eigene kleine Geschichte. Um 1930 ging man nicht mehr so oft auf die Jagd. Eine Ausnahme bildete das Wildschweinschießen, da sich die Wildschweine sehr vermehrt hatten. Auf den Sportplätzen, Übungsplätzen und den umliegenden Feldern der Rittergutsbesitzer waren die Reichswehroffiziere gern gesehene Gäste. Martha Weichler ließ ihre Tochter oft beim Wurstherstellen in Grüssau zuschauen und so wandelte Hildegard Klug das Rezept einfach in Wildschweinwurst um. So mancher geschossene Keiler wurde in der Wohnküche in Familienarbeit zu Wurst verarbeitet, um einige Vorräte für den drohenden Krieg zu schaffen.

1 kg Schwarten,
4 kg Schweinebauch (vom Wildschwein),
2 kg Schweineleber (vom Hausschwein),
1 kg Zwiebeln,
1 kg Schweineschmalz (Fett kaufen),
10 Brötchen, ca. 500 g Gesamtgewicht,
3 gehäufte EL Thymian,
5 gehäufte EL Majoran,
20 zerstoßene Wacholderbeeren,
Salz und Pfeffer nach Geschmack

Die Schwarten und den Schweinebauch in kochendes Salzwasser geben und mindestens 2 Stunden köcheln lassen. Die gut gespülte und abgetrocknete Leber in 2 x 2 cm große Würfel schneiden. Die gekochten Schwarten und den Schweinebauch in 1 cm lange Streifen schneiden.
Die Brühe aufheben. Die Zwiebeln schälen, abspülen und in feine Würfel schneiden. Im Schweineschmalz die Zwiebelwürfel glasig braten. Keine Farbe nehmen lassen. Über ein Sieb geben und das Schmalz abtropfen lassen. Die Brötchen in heißer Brühe einweichen, dann ausdrücken. Alles durch den Fleischwolf drehen. Mit Majoran, Thymian und den anderen Gewürzen richtig herzhaft abschmecken.
Diese Masse in kochendheiß ausgespülte Gläser füllen und fest verschließen. Im Wasserbad im Backofen bei 200 Grad 25 Minuten einkochen.

Die Küchenrezepte der Anna Dokter aus Zedlitz

Anna Dokter, geb. 1863,
gestorben vermutlich 1948 im Kloster Trebnitz

*A*nna Dokter war bis zu ihrer Heirat, etwa 1885, Schlossköchin in Zedlitz. Nach dem Tod ihres Mannes nahmen die Bauern im Dorf gern die Hilfe von »Muttel Doktern«, wie sie allgemein liebevoll genannt wurde, in Anspruch. Sie kochte bei Familienfeiern, Hochzeiten, Kindtaufen, Beerdigungen. Auch der hiesige Gastwirt war dankbar für ihre Hilfe bei Erntedankfeiern, dem jährlichen Jagdessen oder anderen größeren Festlichkeiten.

Dass ihr Wissen um die Kochkunst bewahrt blieb, ist Anna Dokters Enkelin zu verdanken – Erika Otte, geboren 1920 in Zedlitz, Kreis Trebnitz. Da die Mutter bei der Geburt starb, wuchs das Mädchen zunächst bei der Großmutter in Zedlitz, später beim Vater in Breslau auf. Nach dem Verlust der Heimat kam Erika Otte über Altenburg in Thüringen 1947 in die ostthüringische Kleinstadt Ronneburg, die noch heute ihr Wohnsitz ist.

Die entscheidenden Kindheitserinnerungen brachten die Jahre bei der Großmutter. Anna Dokter prägte vermutlich nicht nur den Charakter ihrer Enkelin, sondern half ihr auch über die kindliche Neugier hinaus allmählich echtes Interesse für die schlesische Küche zu entwickeln. Wieviel Wohlwollen und Anerkennung die Kochkunst der Großmutter doch erntete! Das spornte an, das Kind wollte es ihr später gleichtun, was Erika Otte, wie sie bescheiden gesteht, nie schaffte.

Nach der Umsiedlung aller Familienangehörigen und dem Tod der Großmutter in der fernen Heimat begann die Enkelin regionale Rezepte bei ihren mütterlichen und väterlichen Verwandten zu sammeln, die ursprünglich »eiber derr Auder« (rechts der Oder) wohnten bzw. aus dem schlesischen Gebirge, speziell der Grafschaft Glatz, stammten. So mischen sich typische Koch- und Backrezepte der mütterlichen Familie mit denen der väterlichen Verwandtschaft, insbesondere der Schwester des Vaters, und vereinen Essgewohnheiten der Gebirgs- und der Flachlandseite vor allem Niederschlesiens.

Die folgenden fünf Rezepte hat mir Erika Otte im Oktober 2001 für »Familienrezepte aus Schlesien« zusammengestellt. Sie setzen sich aus Erinnerungen und Notizen der jeweiligen Verwandten zusammen. Doch die »Seele« dieser schlesischen Spezialitäten bleibt natürlich »Großmutterle«. Alle Rezepte stammen aus der Breslauer Zeit von 1930-1940 und bilden gewissermaßen den kulinarischen Abschluss dieses Bandes.

Breslauer
Mandelforelle

4 Forellen (küchenfertig),
auch Frostware geeignet, im Kühlschrank auftauen lassen,
Salz und Pfeffer nach Geschmack,
Saft von 1 Zitrone,
Weizenmehl zum Bestäuben der Forellen,
2 Eier,
3 EL Semmelmehl,
4 EL gemahlene Mandeln,
2 EL gehackte Mandeln,
1 Sträußchen Petersilie,
Öl zum Braten der Forellen,
Butter zum Angießen der Forellen in der Röhre

Forellen waschen und salzen sowie pfeffern. Zitronensaft in die Forellen träufeln und die gehackte Petersilie dazugeben. Die Forellen für eine halbe Stunde in den Kühlschrank stellen. Die Forellen in Mehl wenden und durch das geschlagene Ei ziehen. Das Semmelmehl, die gemahlenen und gehackten Mandeln miteinander vermischen und die Forellen darin wälzen. Die Forellen wieder für eine viertel Stunde in den Kühlschrank stellen. Dann die Forellen in Öl goldbraun braten und noch einmal eine viertel Stunde bei schwacher Hitze in die Röhre stellen und mit der Butter übergießen.

Mohnkuchen nach Großmutterles Art

Quark-Ölteig:
150 g Quark,
6 EL Milch,
6 EL Öl,
75 g Zucker,
300 g Mehl,
1 Päckchen Backpulver,
1 Prise Salz

Belag:
250 g Mohn,
125 g Zucker,
1 Päckchen Vanillezucker,
4 Tropfen Zitronen-Aroma,
1 gestrichener TL Zimt,
1/8 l heiße Milch,
50 g Butter,
50 g Rosinen (vorher einweichen),
1 Prise Salz

Streusel:
200 g Weizenmehl,
100 g Zucker,
1 Päckchen Vanillezucker,
1 Msp. Zimt,
100 g Butter

Der Dom zu Breslau um 1935

Teig herstellen. Dafür den ausgepressten Quark mit Milch, Öl, Zucker, Salz und dem ge-
siebten Mehl, unter das man das Backpulver gemischt hat, mit der Hand kräftig vermischen. Den Teig in eine Schüssel geben und ruhen lassen.
Für den Belag Mohn mit der Milch überbrühen und alle Zutaten vermischen. Es muss eine
streichfähige Masse entstehen.
Für die Streusel alle angegebenen Zutaten miteinander vermischen.
Teig ausrollen und auf ein gefettetes Backblech legen und mit einem 2 cm hohen Rand
stehen lassen. Belag und Streusel aufbringen. Den Kuchen bei 180 Grad eine gute halbe
Stunde bei Ober- und Unterhitze backen.

Schlesische Quarkkeulchen - Breslau um 1930

100 g Quark
1 gehäufter EL Weizenin (Stärke),
2 gehäufte EL Zucker,
1 Päckchen Vanillezucker, 1 Ei,
2 Tropfen Bittermandelöl,
50 Mandeln, abgezogen,
25 g Rosinen, in Wasser eingeweicht und abgetrocknet

Quark, Weizenin, Zucker, Vanillezucker, das Ei, das Bittermandelöl, die Mandeln und die Rosinen zu einem festen Teig verkneten. Flache Keulchen formen. Es gibt zwei Möglichkeiten die leckeren Quarkkeulchen zu backen: entweder im heißen Öl, in der Fritteuse und dann herausnehmen, wenn die Quarkkeulchen braun sind – oder eine gute viertel Stunde auf einem gefetteten Backblech bei 200 Grad Ober- und Unterhitze. Noch warm werden die Quarkkeulchen mit einem Gemisch aus Zucker und Zimt bestreut.

Schlesischer Käsekuchen

Hefeteig :
50 g Hefe,
1/4 l Milch,
750 g Weizenmehl,
175 g Butter, leicht zerschmolzen,
2 Eier,
1 Päckchen Vanillezucker,
Salz nach Belieben

Käsemasse:
125 g Rosinen,
175 g Butter,
250 g Zucker,
1 Päckchen Vanillezucker,
6 Eier,
2,5 kg Quark

Die Sandinsel in Breslau um 1935

Einen Hefeteig herstellen. Dafür das Mehl in eine Schüssel geben, eine Vertiefung hinein-drücken, die in lauwarme Milch gerührte Hefe hineingeben. Alles vorsichtig vermengen und die Butter, die man auf dem Herdrand im Töpfchen hat zerschmelzen lassen, dazuge-ben. Jetzt die Eier, die Prise Salz und das Päckchen Vanillezucker dazugeben, alles vor-sichtig vermengen und an einem warmen Ort zugedeckt eine halbe Stunde ruhen lassen. Kuchenblech einfetten, mit Mehl bestäuben und Teig darauf vorsichtig ausbreiten. Mit einer Gabel einstechen. Mit einem sauberen Leintuch abdecken und an einen warmen Ort stellen.

Jetzt die Käsemasse herstellen. Die eingeweichten Rosinen waschen und abtrocknen. Die Butter schaumig rühren und den Zucker sowie den Vanillezucker einrieseln lassen und nach und nach die Eier dazugeben. Kräftig schlagen und den Quark unterheben. Am Ende die Rosinen dazugeben und dann die Käsemasse auf den Hefeteig aufstreichen. Bei Mittelhitze, etwa 180 Grad, eine gute halbe Stunde backen lassen.

Breslauer Mandelmakronen

Diese Makronen waren besonders bei den Studenten der Breslauer Universität heiß begehrt und wurden gern gekauft. Die Bäckereien und Konditoreien verkauften sehr gut dieses auch heute noch aktuelle Gebäck.

6 Eiweiß,
2 Päckchen Vanillezucker,
300 g Zucker,
100 g Weizenmehl,
300 g geriebene Mandeln,
1/2 TL abgeriebene Zitronenschale,
1 Päckchen Backpulver,
2 Prisen Zimt, 1 Prise Salz

Das Eiweiß zu einem festen Eischnee schlagen. Darunter nach und nach den Vanillezucker und den Zucker ziehen.
Jetzt alle anderen Zutaten zusammen mischen. Alles zu einem Teig verarbeiten und in kleinen Häufchen auf ein gefettetes Backblech setzen. Bei leichter Hitze 20 Minuten backen.
(Empfohlen wird eine Temperatur von 50 Grad.)

Durch Erika Otte, heute vielseitig interessierte 82jährige Lehrerin im Ruhestand, lernte ich Werke des bereits erwähnten schlesischen Heimatdichters Hermann Gebhardt kennen. Ich wurde neugierig und beschäftigte mich weiter mit dem ehemaligen Glogauer Lehrer und Schriftsteller.
Hermann Gebhardt (1889 in Liegnitz geboren und 1959 in Ronneburg an den Folgen einer Kriegsverletzung gestorben) war seit 1919 an der Comenius-Knabenvolksschule in Glogau tätig und wurde bald ein erfolgreicher Schriftsteller. Mit dem Bändchen »Tanzlegende. Ein Spiel« erreichte er 1924 einen ersten Achtungserfolg. Seine Geschichten aus dem Riesengebirge, 1942 erstmals in der Novellensammlung »Das Gebirge des seltsamen Herrn« veröffentlicht, sind immer noch lesenswert. Auch nach dem Krieg schrieb er weiter, so den Heimatroman »Wagnis des zweiten Lebens« von 1951, der ebenfalls in Schlesien angesiedelt ist. Bekannt wurde er auch als Sammler von Rübezahl-Geschichten.
Als Volksssturmmann musste er den Endkampf um Schlesien miterleben und wurde durch einen Kopfschuss auf dem rechten Auge blind. Im Sommer 1945 begann die lange Vertreibung aus der Heimat. In Ronneburg in Thüringen fand er seine letzte Heimstatt. Im Herzen aber blieb er immer ein Schlesier! Sein wehmütiges Gedicht »Abschied von Schlesien«, von Erika Otte gern rezitiert, beschließt die Erinnerungsreise durch Schlesien.

Breslau – Universität um 1935

Abschied von Schlesien
von Hermann Gebhardt

Schlesien, als ich dich verließ
hinter dem Bettelkarren her,
hielt ich die Hand vor mein blutendes Herz,
und die Füße gingen mir schwer.

Schlesien, als ich dich verließ,
ging ich an Mutters Grab vorbei,
und ich weinte, als ob meine Mutter mir
zum zweiten Male gestorben sei.

Schlesien, als ich dich verließ,
trocknete meine Tränen kein Wind.
Grau war der Tag, ohne Stern sank die Nacht
über mich altes, verwaistes Kind …

Rezeptverzeichnis

Leihgeber der Fotos, Ansichtskarten und Dokumente

Meta Degenkolb, Oelsnitz im Vogtland
Erna Gersdorff, Gießen an der Lahn
Dr. Otti Graetz, Leipzig
Erna Jauer, Erfurt
Elfriede Jelineck, Erlangen
Erna Kirchner, Berlin
Hildegard Merz, Gießen an der Lahn.
Fam. Eduard Meyer, Leipzig
Erika Otte, Ronneburg
Herr R. Ruderich, Gera-Zwötzen
Kochbucharchiv Harald Saul, Gera
Fam. Dr. Dr. Schacht, Heidelberg
Selma Schädlich, Pausa
Elsa Topf, Meuselwitz, 1983 verstorben
Fam. Herbert Wunderlich, Bad Brambach,
Hertha Wunderlich, Bad Brambach, verstorben im November 2002

Literaturquellen

Joseph von Eichendorff, Sämtliche Werke (Gedichte. Erster Teil). Stuttgart, Berlin, Köln, 1993.
Gerhard Gruschka, Das Lied eines vergessenen Landes. Neuried, 2001.
Carl Hauptmann, Rübezahl-Buch. Würzburg, 1988.
Hermann Gebhardt, Alte und neue Geschichten vom Berggeist Rübezahl. Augsburg, 1957.

Historische Länderküchen - Kochbücher für die Leseecke

Geschichten und Rezepte aus liebevoll und akribisch über Jahre zusammengetragenen Privatsammlungen stellt Küchenmeister Harald Saul in seiner Reihe »Regionale Familienrezepte« vor – einmaliges Originalmaterial in Text und Bild. Jedes Buch ein Geschichten-Kochbuch besonderer Art, in dem die Küche der Region lebendig wird in praktikablen Originalrezepten aus Haushalten, Gutshöfen, Herrenhäusern, Gastwirtschaften und in den dazu gehörigen Lebensschilderungen aus alter Zeit.

<u>Bisher erschienen:</u>

Familienrezepte aus Ostpreußen
Geschichten, Personen und Rezepte
einer unvergessenen Zeit
ISBN 3-89798-032-0

Familienrezepte aus Thüringen
Geschichten und Rezepte aus alter Zeit
ISBN 3-89798-031-2

127